JN091995

京都文教大学地域協働研究シリーズ ④

実践！
防災と協働のまちづくり

住民・企業・行政・大学で地域をつなぐ

森 正美 編著

ミネルヴァ書房

巻 頭 言

浄土宗の宗門関係学校である本学は，大乗仏教の菩薩の精神「四弘誓願」を建学の理念としているが，これを易しく言い換えれば，「ともいき（共生）」と表現できる。「ともに生かしあう／ともに生き活きする」という意味である。昨今，大学の使命は，教育・研究・社会貢献といわれているが，この三つを建学の理念「ともいき」で考えると，本学の進むべき方向性は自ずと定まってくる。

教育と研究，研究と社会貢献，そして社会貢献と教育のともいき，さらには教育・研究・社会貢献の三者のともいきが考えられるが，それを実現したのが COC（Center of Community）の取り組みであった。これは文部科学省の「地（知）の拠点整備事業」（大学 COC 事業）のことで，地域の拠点となる，特色ある事業を展開する大学に補助金を出す制度だが，本学は10倍近い難関を突破し，2014年度に採択された。

私が副学長をしていた2013年，建学の理念を具現化するためにこの補助金を活用しようと考えて申請に踏み切ったが，その年は残念ながら不採択。しかし翌年，学長就任を機に再チャレンジして見事に成功し，以来５年間，皆で力を合わせ，必死で駆け抜けてきた。

本学は開学以来，「現場主義教育」を重視してきた。学びの特色は，フィールドワークや参与観察など，「現場での学び」と「大学での学び」を往還しながら知を深めていくところにあったので，COC 事業の展開は必然だったとも言える。この COC 事業採択を機に，様々な「ともいき」を加速させ，その精神を具現化してきたが，今回それを「研究成果」としてシリーズで発刊できることは，学長として望外の喜びだ。脇目も振らずがむしゃらに走ってきた５年間，研究成果の発刊は私にとって抽象的な夢でしかなかったが，それが今，夢ではなく現実になった。

本事業に関わってくださった教職員，学生，そして地域の人々に，ただただ感謝するばかりである。京都府南部という限られた場所ではあるが，ここに大学と地域，産・官・学・民の「ともいき」の輪が実現した。願わくば，この輪がさらに広がり，またこの研究成果が他の地域において「ともいき」の輪を発生させる参考になれば幸甚である。

2019年７月

京都文教大学学長　平岡　聡

叢書刊行にあたって

本シリーズは，2014（平成26）年度から開始された，文部科学省の補助事業である京都文教大学「地（知）の拠点」事業（COC 事業および COC ＋事業）並びに地域協働研究教育センターの研究支援によって実施された「協働研究＝地域志向ともいき研究」の成果を中心に構成されている。とくに，第１巻から４巻までは，大学を核とした地方創生をめざす「地（知）の拠点」事業の本学としての中核を成す，地域のニーズと大学のシーズをつなぐ５年間で，延べ81件の共同研究の成果に基づくものとなっている。

「地域志向ともいき研究」は，本学の建学の理念である「共生＝ともいき」を地域で具現化する取り組みであり，その制度設計自体に様々な工夫と特徴がある。研究者，行政，企業，NPO，地域団体，住民などの多様な主体が研究班を構成し，地域に関わる研究に取り組むことで，地域課題の発見や把握，研究，課題解決を考案試行し，実践的に研究している。

従来の大学での「地域に関する研究」は，各研究者の専門性や関心にもとづいて，地域を対象やフィールドとして展開されてきた。あるいは，自治体や地域団体などの依頼により，地域課題の解決のために，専門性や学術性を持つ学識者として関与するといった形式が一般的であった。しかし「地域志向ともいき研究」では，従来の「連携」や「協力」という枠を超えて，異なる立場の人々が，協働し互いの立場を融合し，地域課題の解決にむけて研究に取り組んでいる。

毎年度当初に公募される共同研究は，地域連携委員やセンター所員により，その研究目的の適切性や研究の意義，メンバー構成，研究計画，予算，研究成果の還元方法などについて細かく審査される。その上で，採択された研究は，学生に対する「教育」への接続や還元を意識すると共に，一般の方々にも公開講座やリカレント講座などを通じて，成果が積極的に還元されることを目指し

ている。

年度末には，全研究の研究成果報告会を実施し，専門家による講評の他に，市民との意見交換の場も設けている。これらの報告会を通じて提案された提言のいくつかは，すでに具体的な政策や事業に展開している。また同時に開催する「まちづくりミーティング」は，地域課題の把握の機会として機能するだけでなく，研究テーマの発見にも重要な役割を担ってきた。今回のシリーズは，本学における「地域志向ともいき研究」の知見を，広く他地域にも活用して頂くため，地域課題のテーマに関わる一般理論と他地域での参考となるであろう事例の考察の両方を組み込んだ構成にしている。

立場や世代など様々な違いを持つ人々が，互いの意見に耳を傾け，認め合い，助け合い，知恵を寄せ合う。そのためのハブ＝結節点として，大学は機能していきたい。本シリーズの成果が，地域での活動に携わる方々の少しでも参考になることを願っている。

（本書は2020年度京都文教大学研究成果刊行助成金を受けて出版された）

2020年12月

京都文教大学副学長・地域協働研究教育センター長　森　正美

はじめに

日本各地で，少子高齢化や人口減少が進行する中で，東京圏などへの一極集中を解消し，地方の個性を生かした取り組みを促進する「地方創生」の必要性が叫ばれている。京都文教大学が採択され，本書の基盤となる地域協働型研究を展開した文部科学省「地の拠点（COC，COC+）事業」は，大学を核とした「地方創生」を支援する事業であった。

しかし「地方創生」といっても，その展開方法は，地域の特性によってさまざまであり，また地域課題やニーズの適切な把握や研究がなければ，どこかで成功している何かを真似ただけの外部依存の活動にもなりかねない。地域課題への取り組みは，もっと切実で，住民が主体的に考え関われるものでなければならないはずである。そのような認識に立ち，京都文教大学の地域協働型研究（＝ともいき研究）では，地域における多様な課題の把握，そして行政，各種団体や専門家，当事者，多くの市民と共に研究のシーズとなる課題（ニーズ）の把握，調査，考察，分析などを協働で行ってきた。実践的な研究手法を通じて，すでに政策提言化された研究成果もあるし，講座や研修などの形で地域に還元されている研究成果もある。また，多様な主体が関わる共同研究の強みとして，それぞれの主体がそれぞれの立場での事業を通じて，研究成果を実践している事例もある。

本書は，このような「コミュニティ」に関わる多様な実践研究活動の成果をまとめたものである。宇治市や京都市伏見区，京都府南部での取り組みを基礎としながらも，全国各地でも共通して抱えているさまざまな課題について，具体的な事例を通して一般化も可能なレベルまで考察し，提示することをめざしている。

なかでも，大学の教職員や学生との協働で地域課題に取り組んだ事例を数多く紹介している。大学がハブとして機能し，多様な主体をつなぐ役割を果たしていることをどの章の研究でも実感していただけるはずである。同様の課題を抱える地域の人々が，地域内外の大学や高校などとの連携・協働を通じて，地域コミュニティの課題解決に取り組む際の参考になることを願っている。

ところで，本書で扱うテーマは，多様性に満ちている。見方によっては雑多でバラバラにもみえる。しかしまさに，本書の構成が示すように，地域課題は多様であり，その課題だけをみていると雑多で，それぞれが分断され，当事者にとっては自らの関与が実感しやすい課題のみが重要であるという認識が生じがちである。また行政組織などにおいては，それぞれの部局が担当する領域が事前に定まっているように捉えられ，いわゆる縦割り行政の弊害が生じることも少なくない。しかし実際には，ここに一覧化されているような地域課題が，部分的に重なり，背景ではつながっていることを理解しなければ解決できないことも事実である。そしてそれらの絡み合いが複雑なために，解決に辿り着くのがむずかしいこともある。本書で取り上げたテーマのつながりについても，ぜひ読者の皆様にも考えていただければと思う。

序章では，地域コミュニティが各地で抱える課題を提示するとともに，宇治市を具体例として，その課題の現状や背景を明らかにし今後の可能性について論じる。先に述べたように，各章の背景的つながりを理解するための見取り図を示すことができればと考えている。

第Ⅰ部は「防災」がテーマである。地震，台風，集中豪雨など，相次ぐ災害が日本列島を襲っている。阪神・淡路大震災や近年の東日本大震災などの大災害に限らず，行政や政府さえも対処しきれない状況が頻発しており，災害時の地域のつながりや役割がますます注目されている。「防災」はいまや，コミュニティの最大関心テーマといっても過言ではない。そして，当該地域の住民に限らず，「共感」でつながる外部の人々の関わりも，疲弊した地域の復興には重要である。

第Ⅱ部は，地域に暮らす際に重要になる「環境」や，地域の個性となる「文化」「地域資源」に注目したまちづくりについて論じる。実際に学生や行政と実践を重ね，それらの実践を通じて関わる人々の意識がどのように変容するかについても論じている。

第Ⅲ部では，地域で生活をしていくためには，地域に「住む」という側面だけでなく，「働く」場所としての地域の役割も重要である。さらに，人口減少が続く地域からの若者の人口流出を防ぐためには，若者にとっての「働く」場づくりも必要となってくる。そのために，大学がよびかけ，地域貢献を企業理念に組み込み地域密着型で活動しているさまざまな企業や団体のネットワークを地域内に形成することで地域における人材育成に取り組んでいる活動について紹介する。複数の主体が一つの目標に向かって活動する際に，各自がバラバラで活動するのではなくネットワークを形成することによって，より効果的な結果につなげることを目指している点がマネジメント上の特徴となっている。

第Ⅲ部の後半では，現代の課題に限らず，これからの地域社会の将来ビジョンを構想し選択していくための新たな手法である「フューチャー・デザイン」の考え方と宇治での取り組みについて紹介する。現代の課題解決に真剣に取り組むことも重要であるが，そのことが「持続的な」地域の将来のために本当につながっていく選択であるのかを考えるために，「仮想将来世代」を設定してビジョン構築をするという画期的な発想に基づく新しい手法である。宇治市でもこれからの「コミュニティの未来」に向かって議論が開始されている。

さらに，地域で具体的な活動実践をされている方々に，7つのコラムを寄せていただいた。その執筆者の立場もさまざまである。本書で紹介しきれなかった活動も数多く芽吹いている。そのような小さな芽を継続的に大切に育てることができる土壌が地域に育まれるために，本書が少しでも参考になれば幸いである。

2020年12月

編著者　森　正美

実践！ 防災と協働のまちづくり
——住民・企業・行政・大学で地域をつなぐ——

目　次

第Ⅱ部　協働でつくる環境と文化

第Ⅲ部　新たなつながりで未来をつくる

序　章
地域コミュニティの課題と可能性

「コミュニティ」という語には，何か「あたたかく安心できる場所」というイメージがある。しかし，コミュニティを得ることは自由を失うことでもあり，その２つを同時に，また十分に満足できるだけ手にいれることはできないと，社会学者のバウマンは『コミュニティ――安全と自由の戦場』で述べている（バウマン，2008，7-13頁）。

バウマンが述べるようなコミュニティの両義性は，現代の日本社会における地域コミュニティの課題を考える際にも当てはまる。地域は，物理的空間としてどこにでも存在している。しかし，その空間における社会的な関係性は非常に多様で，地域特性や社会全体の変化によって左右される。そして同時代に同地域に暮らしていても，「コミュニティ」や「地域のつながり」についての考え方は，世代によって異なることはもちろん，個人レベルでも多様化している。安心できる場所であってほしいと願う人もいれば，そもそも「地域」や「コミュニティ」に対してわずらわしいというイメージしか持たない人もいる。

また，どのようなコミュニティであってほしいと考える以前に，コミュニティの社会的機能が働かない「限界集落」「消滅集落」とよばれるような状況に直面している地域では，人口減少や高齢化がさらに進めば，さらに状況が深刻化することが予想される[(1)]。まさに現代は，それぞれの地域が，自らの地域の持続性について主体的に考えることが求められているのである。

1　地域コミュニティとは

(1) 地域コミュニティの重要性

災害が多発する近年の日本において，いざという時に助け合える身近な人々の存在の重要性が改めて見直されている。また，誰にも看取られずに亡くなり，死後しばらくして発見される「孤独死」や「孤立死」が，年間約２万7000人（2011年[2]），また誰ともつながることのない「無縁社会[3]」といった言葉が示すように，人とのつながりを維持することが困難な社会の現状もある。

もちろん，このように「コミュニティの変化」や「人のつながりの希薄化」といった問題は日本だけのことではない。ロバート・パットナムは，本来はグループで楽しむはずのボウリングを黙々と一人でする人々の光景を象徴的な題名とした『孤独なボウリング――米国コミュニティの崩壊と再生』（パットナム，2006）で，隣人関係やさまざまな組織を通じて従来ならば育まれていた「信頼」「友愛」などの「社会関係資本」が弱体化した様子，背景や要因を分析した。

(2) 宇治市における地域コミュニティの現状[4]

1) 町内会・自治会

戦時中の隣組制度に歴史的起源をもつ「町内会」，戦後の「自治会」などの地縁組織は，もっとも身近な地域の社会組織である。任意加入が原則ではあるが，実際には「入るのが当然」「強制加入」と認識されることが多く，町内会や自治会への加入や活動に関する様々な議論がある。たとえば2014年に出版された紙屋高雪『“町内会”は義務ですか』という著書は，その衝撃的なタイトルとも相俟って，2011年の東日本大震災以降に「防災」の観点から関心の高まっていた地域コミュニティの課題について一石を投じた。

宇治市では，町内会・自治会が地域のもっとも基本的な組織単位としてとらえられている。が，その加入率は年々減少してきている（図序-１）。

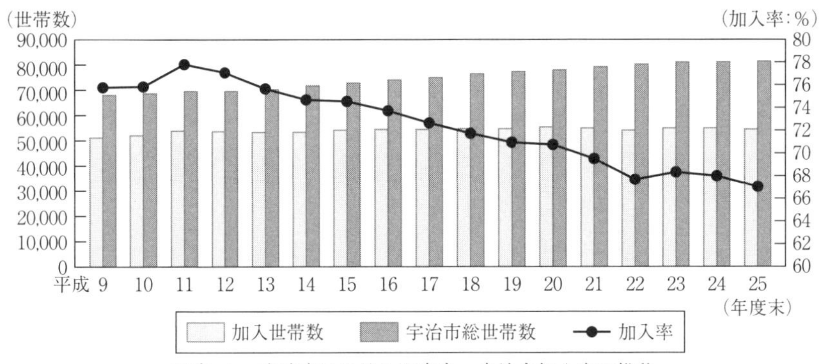

図序-1　宇治市における町内会・自治会加入率の推移

（出所）　宇治市（2015）4頁。

2）テーマ型組織

地域コミュニティでは，町内会・自治会やそれらの連合組織といった地縁による住民組織のほか，防犯や防災，教育，福祉などの分野ごとに活動している団体や各々の目的で活動しているNPOなどのテーマ型市民組織が，地域コミュニティ活動に取り組んでいる。その組織の構成や位置づけは，各地域によって多様であるが，町内会・自治会や連合組織も含め，相互に影響，連携し合いながら，地域コミュニティを形成している。

3）活動拠点の状況

宇治市には，公立集会所131カ所（2020年現在）を筆頭に，多くのコミュニティ施設が存在している。しかしその存続活用に関しては，これまで「宇治市集会所再生プラン」（2012）の実施が凍結されるなど，さまざまな議論を呼んできた。1960年代後半からの人口増加期の住宅開発に伴って，開発事業者から寄付された小規模な集会所は老朽化の時期を迎えている。2018年に策定された「宇治市公共施設総合管理計画」では，宇治市内の公共施設の適正配置と総量削減が方針として盛り込まれており，2019年には「宇治市地域コミュニティ再編計画」を策定し，適正化のための地域での懇談会を開始している。

宇治市では，公民館，生涯学習センター，総合福祉センター，男女共同参画センター，コミュニティセンターなど，集会所以外の施設も目的や所管はバラバラだが一定数存在する。これらは既存の団体に活動の場を提供したり，団体やサークルの交流機会を設けたりはしているが，他市のように市民活動そのものの立ち上げ支援や人材育成という観点は乏しいといわざるを得ず(5)，大学との共同研究を通じて人材育成や啓発に努めてきた。

2　宇治市におけるコミュニティ活性化の取り組み

（1）検討委員会の設置

2012年１月に宇治市は，「宇治市集会所再生プラン――市民との協働による集会所運営」を策定した。しかしこのプランの実施説明会のために地域との交渉を始めると，にわかに問題に直面した。地域事情が多様であるばかりでなく，集会所運営を担ってもらうはずの地域組織が弱体化してしまっていたのだ。その危機感から，宇治市は同年に「宇治市町内会・自治会活動推進検討委員会」を立ち上げた。2013年度からは「宇治市地域コミュニティ推進検討委員会」と名称変更し，宇治市における課題と解決方策を検討した。筆者はそれらの委員会に委員長として携わった。最終的には，2015年４月に「町内会・自治会の活性化の方策および地域コミュニティ・協働のあり方に関する提言」を宇治市に提出した。しかし最初に驚いたことに，宇治市はそれまで町内会・自治会の窓口機能は果たしていたが，施策検討の根拠となる基礎データをもっていなかった。委員会でも委員個人が自分の経験とイメージを根拠に議論するので意見がまとまらなかった。そこで次に述べる「町内会・自治会長アンケート」と「地域コミュニティ意識調査」を実施した。これらのデータに基づき，他市町村の事例も参考にしながら宇治市のコミュニティ施策を考えるための議論を重ねた。

（2）「町内会・自治会長アンケート」「地域コミュニティ意識調査」実施

2013年９月に，宇治市全域のコミュニティに関する基礎調査として２種類の実態調査を実施した。市内609の町内会・自治会の会長を対象に，429件（回答

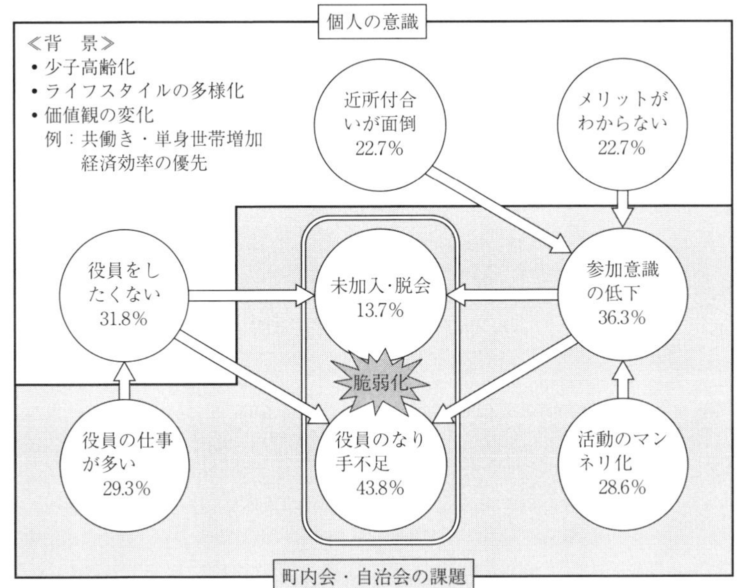

個人の意識
…地域コミュニティ意識調査「町内会・自治会脱会の理由」上位３回答と割合
町内会・自治会の課題
…町内会・自治会長アンケート「町内会・自治会活動の問題点」上位５回答と割合

図序-２　町内会・自治会の基盤脆弱化の構図

（出所）　宇治市（2015）「宇治市地域コミュニティ推進検討委員会 第４回資料」。

率70.4%）の回答を得て，町内会・自治会の活動内容，課題，それらに対する認識を調査した。また2000人の無作為抽出した市民から976件（回答率48.8%）の回答を得て，地域コミュニティのつながりや活動についての意識調査を実施した。

コミュニティ意識調査では，以下のような問題点がみえてきた。もっとも多かったのは，「①役員の引き受け手がいない」ことで，43.8%となっている。続いて「②参加意識が低い」が36.3%，「③回覧や集金の仕事が多い」「④活動のマンネリ化」がそれぞれ30%弱を占める結果となった。

また，近年加入率の減少が課題とされているものの，「⑤未加入・脱退が多い」については13.7%となっている。また加入率についての設問では「『ほとんど全部』の世帯が加入している」の回答が70.4%という結果となっている。以上から，未加入・脱退が局地的に起こっている実態がわかる。また一方で，「⑨とくに問題はない」とされている町内会・自治会が30.5%となっている。これらの課題を一覧化し，その課題間の関係を示したのが図序-2である。

(3)手引きの作成と地域課題の多様性を伝える市民啓発型講座の開催

委員会の議論のなかで，「若い世代は町内会・自治会の運営方法を知らない」「役員の負担が大変だ」「市役所の窓口が複雑すぎる」などの意見が出た。それを受けて，委員有志の自主的な活動として，担当課職員と手づくりで，『町内会・自治会の手引き』(2015) を作成した。子育て世代とベテラン世代が対話型で町内会の活動について対話する親しみやすい内容になっており，2020年現在でも各年度の町内会長・自治会長に配布されている。また宇治市のホームページからもダウンロード可能になっており，毎年必要な情報が更新され，広く活用できるようになっている。

一方，行政の施策検討だけではコミュニティ活動は活性化せず，担い手＝市民の意識啓発が重要である。2017年度には全5回の市民向け連続講座「つながり・居場所・地域の未来」を企画した。コミュニティの一般的な課題だけでなく，地域課題に対する視野を広げてもらう目的で，都市計画の専門家による住宅に焦点をあてた「町を住みこなす――超高齢社会の居場所づくり」，精神保健福祉士と障がい者当事者による「多様な人々と共に暮らす地域のあり方」のテーマでの講座を企画した。災害が多発する昨今重視される「災害時の助け合いのまちづくり」についても取り上げた。

町内会・自治会長にも案内を送付しただけでなく，市役所内の担当以外の部局や社会福祉協議会など地域コミュニティに関わって仕事をする職員にも参加を促した。

3　地域コミュニティと支援のあり方
――他市町村の事例から――

ここまで宇治市での様々な課題を整理してきたが，それらの課題解決の参考にするために，他市町村の事例収集と視察による比較研究を実施した。本節では，その内容について整理考察する。

(1)緩やかな協議体による運営――長野県松本市

市町村合併を経験した松本市では，全35地区に，町会連合会と地域づくりセンターがあり，これらを地域づくり部地域づくり課が所管している（図序-3）。地区内には，「緩やかな協議体」として，60以上の団体が集まって「地域づくり協議会」を設置しているところもある。緩やかな協議体は，地域の計画策定，合意形成，役割分担，実態調査や学習会などを担う。

地域づくりセンターは，公民館，支所・出張所，福祉ひろばが連携し，地域情報や取り組みを，担当者同士でも共有して進めていく。さらに，松本市では，「町内会・自治会の手引き」記載の15課の担当者が集まって「地域課題情報交換会」を開催しており，地域福祉と地域コミュニティ分野での課題が重なっていること，庁内コーディネートや新たな課題の発見や改善をする職員が必要であることなどが確認されている。

(2)市民活動を支援する制度――東広島市，倉敷市

2018年9月に，筆者は宇治市職員と共に東広島市と倉敷市における地域コミュニティの支援策を調査した。両市とも，小学校区単位を基本とし，町内会・自治会を含めたさまざまな地域にある団体で構成された協議体が組織されている（図序-4）。東広島市は，市の施策として協議体に積極的な支援を行い，市内のすべての小学校区で住民自治協議会という協議体が組織されている。倉敷市では，支援策の整備はしているが，設立は任意であり，市内63小学校区のうち46小学校区に組織されている。

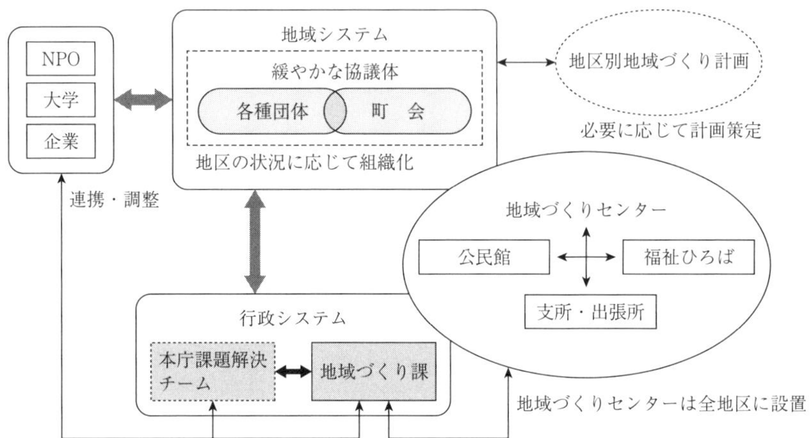

図序-3　松本市の地域づくりシステム

（出所）　松本市ホームページ「地域づくりとは」より。

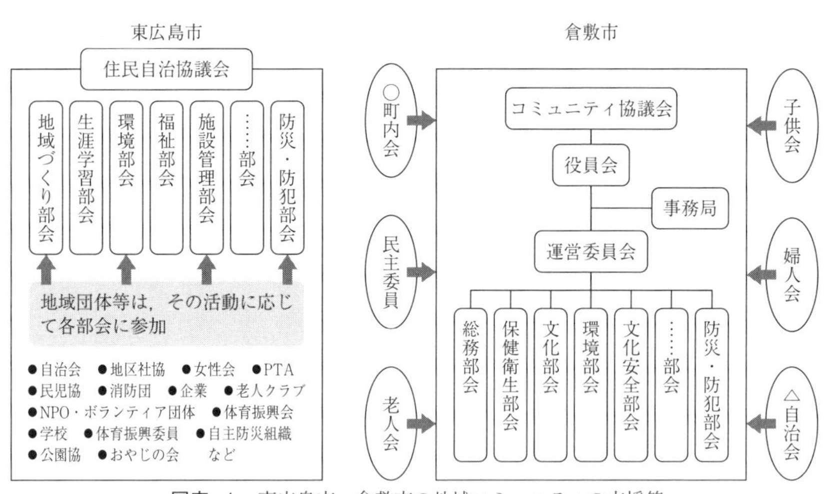

図序-4　東広島市・倉敷市の地域コミュニティの支援策

（出所）　森・宇治市（2018）。

特徴的な支援策には，東広島市の「地域担当職員制度」があげられる。市職員の地域活動への積極的な参加，地域情報や課題の共有を目的とし，地域組織である住民自治協議会に全職員を配置し，管理職は会議への出席や地域活動への参加等を公務として行っており，行政と地域のパイプ役を担っている。その他の職員の参加は任意としており，地域活動の参加に対しての意識啓発も兼ねた制度になっている。

一方倉敷市では，「協働推進員・協働調整員制度」を設けている。協働推進と職員の協働に関する意識向上を目的とし，各課にて10年以上勤務している副主任級以上の職員１名を協働推進員として配置し，所属課にて協働に関する取り組みや関係各課との協議・調整役を担っている。そして，各局主管の部長級以上の職員を協働調整員とし，部局内または部局間の対応を行い，協働推進員と協働調整員への情報提供や研修等の支援を行っている。

またいずれの市も地域活動促進のための「市民協働センター」（東広島市）「市民活動センター」（倉敷市）を設置し，活動拠点や交流施設としての「地域センター」を市役所の一角に設けていた。さらに情報提供・発信ツールを，市の公式ホームページとは別に運用していた。

(3)魅力的な活動空間——長野県塩尻市，岐阜市

先に訪れた松本市，東広島市，倉敷市では，市役所などの一角に市民活動支援センターを設置していた。長野県塩尻市では，市民交流センター「えんぱーく」を設置し，図書館などの施設と複合化することで，子ども，若者，高齢者が自然に集まり，さまざまな活動ができるような工夫の凝らされた施設になっていた。個人のための自習スペース，会議室なども，様々な用途に応じて多様に使いこなせるデザインになっていた。

岐阜市の「みんなの森ぎふメディアコスモス」も図書館，市民活動交流センター，多文化交流センターなどが複合化されたユニークな施設で，「人材育成支援」を活動の柱に置いている点が特徴的であった。

4　コミュニティをひらくことができるのか

他市町村の取り組みや制度と比べると，宇治市の場合には，施策展開が慎重で，とても時間がかかっている。地域コミュニティの活性化には，たしかに短期的な解決は難しいかもしれないが，それにしても時間がかかりすぎている。その間に，地域課題はどんどん山積している。この章のまとめとして，宇治市での取り組みが変化するための３つの手がかりを示したい。

(1)思い込みをひらく

京都文教大学には，65歳以上の宇治市民が科目等履修生として学ぶ宇治市との共催事業「高齢者アカデミー制度」がある。コミュニティの研究の一環として，アカデミー生有志にシニア調査員として「集会所の実態調査」をしてもらった。調査員10名には，集会所のヘビーユーザーもいれば，一度も足を踏み入れたことがないという人もいて，それぞれが自分の近所の集会所を訪問し，活用頻度や活動内容などをヒアリングなどで調べてくれた。

このように市民当事者を巻き込んだ調査をすることに，当初宇治市担当課は若干の不安を感じていただろうと思う。この試みが権利要求の根拠を与えてしまうのではないかという不安を抱いたかもしれない。しかし実際には，共通の調査項目を設定した調査員は10カ所の集会所を客観的に調査し，使用頻度の低い集会所の廃止や，管理や利用がもっとしやすい仕組みの導入等の建設的な提案をまとめてくれた。

担当したシニア調査員自身も，多様な集会所の実態に触れ，自分が調査した集会所の利害にばかり固執するような単純な結論にはならなかった。

(2)庁内のつながりを生み出す

2015年度，2016年度には，庁内連携の仕組みづくりのために，市役所内での意見交換会を開催した。「コミュニティ」に関係する部局の担当者に声をかけ，任意で参加してもらった。松本市を視察に訪れた際に，緩やかな協議体などの支援を通じて課題意識をもった若手職員が，庁内で部局横断型の懇談会を開催しており，政策立案にも日常業務にも役立っているということだったので，宇治市でも早速試行してみることにした。しかし実際には，特定事業の調整会議ではないミーティングの開催はかなり異例なことであり，あくまでも「研究会」のゲストとして招聘して意見を聞くという体裁をわざわざとる必要があった。

担当者に個別に声かけをしたこともあり，若手を中心に，福祉やまちづくりなど地域に関わる課の職員が参加し，部局を横断する連携の必要性が共有された。一方，「この会議は，何の事業のために開催しているのか」といったような声もあった。つまり，事業計画が決定していない課題について一から話し合って課を横断した事業を立ち上げるといった発想が若手職員にも欠如していることを目の当たりにした。また日常業務が多忙で，意見が反映される手続きが明確ではない会議で自分の意見を述べることへの抵抗感が根強いことも明らかになった。

しかし一方で，一連のコミュニティ活動推進のための検討を進めていく過程で，福祉担当部局との連携が進むという効果があった。「地域包括ケア」は，福祉分野の基本方針のように語られるが，個別の利用者やその家族と向き合うことに精一杯で，地域特性に配慮した支援が十分にできていたのか悩む担当課から「地域の見方」をテーマとした研修依頼を受けるようになった。保険制度や国の方針がどんどん変わっていく一方で，受け皿となるべき「地域」がすでに機能しなくなっているという実態もある。また機能低下のなかで，どのような新たな資源の組み合わせがあれば有効な支援が可能かを考えるだけの資質が職員にも求められている。そのような状況で改めて担当職員が「地域」の重要性を認識するようになった。筆者は福祉の切実なニーズに向き合う現場から，地域コミュニティに対する新たな提案が生まれるのではないかと期待している。

また，本書第６章・第７章で詳述する「フューチャー・デザイン」の取り組みでも，宇治市の将来に向けての政策立案に，「未来人の視点に立ち地域の将来ビジョンを考えるフューチャー・デザイン」の発想が必要だと感じた文化自治振興課（2020年より自治振興課）の職員が，政策推進や人事を担当する部局を巻き込み，庁内研修として「フューチャー・デザイン」を導入するところまでこぎつけた。このような連携や発想の転換が，より広くいずれは議会までも巻き込んで進んでいくと，まったく違う意思決定とビジョン構築の可能な組織になることが期待できる。

（3）関係性をひらく

宇治市では中宇治地域を中心に，筆者自身も関わっている「空き家活用」によるリノベーションまちづくりが少しずつ進み始めている。まちづくり会社を中心として，景観にも配慮し改修された小商い複合施設が人を集め，周辺にもいくつかのリノベーションが連鎖的に発生している。

地域の人口減少への対応は，従来は転出抑制や定住，移住促進などが主流であったが，いまや地域や地域の人々と様々な形で関わる「関係人口」[(6)]に着目した施策が一般的になっている。これまで宇治市では観光地として地域を訪れる観光客などの「交流人口」増加をめざすことはあっても継続的に関わり続けてくれる「ファン」を増やすという仕掛けは十分ではなかった。[(7)]しかし先に述べたような「空間」が整備されるだけで，そこに集う人たちが地元住民とも緩やかに関わり合いながら，宇治というまちへの親近感を増している様子がある。少し従来とはタイプの違う場を準備することで，関係性づくりの可能性が広がっている。地元の人々にとっても，改めて地元の良さを見直す機会にもなっている。

しかし宇治市では，まだまだ不動産は安くない。場を設定するのもそれほど簡単ではない。高度経済成長期やバブル期のイメージから抜け出せず，高額な家賃設定の賃貸物件も少なくない。若者が気軽に参入できる雰囲気も乏しい。しかし，まちの規模はちょうどいいはずである。もう少し小さな規模のハードとソフトが上手く組み合わされれば，全国で多拠点居住するような人々が歩いて暮らせる緩くて穏やかな空気感のまちに変わっていくような気がする。

従来の地縁組織のつながりに囚われすぎず，もう少し肩の力を抜いて，人々がゆるく混じり合う宇治のまちをつくっていけるような工夫をしていきたい。そのことが少子高齢化が進む地域を持続的に支える仕組みにつながっていくのではないかと考えている。

注

(1)　本章では，宇治市等の都市部を中心とした論述とするが，日本全国の地域コミュニティを考える場合には，過疎地域の課題は非常に重要である。総務省地域力創造グループ過疎対策室「平成29年度版　過疎対策の現況」2018年（http://www.soumu.go.jp/main_content/000591840.pdf）や，国土交通省・総務省「平成27年度過疎地域等条件不利地域における集落の現況把握調査報告書」（http://www.mlit.go.jp/common/001145930.pdf）などを参照。

(2)　2011年に「ニッセイ基礎研究所」が実施した調査による。国には正式な定義がない（朝日新聞デジタル2018年９月18日）。

(3)　2010年にNHKが制作・放送したテレビ番組『無縁社会～“無縁死”３万２千人の衝撃～』によって広まった造語。

(4)　本項の記述は，宇治市文化自治振興課と協働で取り組んだ平成27（2015）年度から平成30（2018）年度までの「COC地域志向研究――地域コミュニティ活性化推進のための制度改革にむけた方策の検討」の成果を元にしているが，論述の責任は筆者にある。

(5)　宇治市第５次総合計画における「地域コミュニティの育成」の項では，活動支援施設の活用，活性化，という視点が追記はされているが，基本的には，町内会・自治会への加入率を主たるKPI（成果指数）として設定してきている状況である（https://www.city.uji.kyoto.jp/uploaded/attachment/6128.pdf）。

(6)　現在の各地での取り組みなどは，総務省「関係人口」ポータルサイトを参照のこと（http://www.soumu.go.jp/kankeijinkou/）。

(7)　その意味では，アニメ「響け！ ユーフォニアム」のファンが，いわゆる聖地巡礼として作品の舞台となった宇治を何度も訪れ，地域の人々と関係を構築しているような動きは注目に値する。

参考文献

宇治市「宇治市集会所再生プラン――市民との協働による集会所管理」2012年。

――――「地域コミュニティ意識調査／町内会・自治会長アンケート調査結果報告書」2014年。

――――「かんがえようこれからの地域の未来。地域コミュニティを考えるワークショップ開催報告」2019年３月。
――――「宇治市地域コミュニティ再編計画」2019年。
宇治市地域コミュニティ推進検討委員会「町内会・自治会の活性化の方策および地域コミュニティ・協働のあり方に関する提言」2015年。
宇治市町内会・自治会等活動推進検討委員会「町内会・自治会の活性化の促進する方策について――これまでの議論のまとめ」2013年。
筧祐介　『持続可能な地域のつくり方――未来を育む「人と経済の生態系」のデザイン』英治出版，2019年。
紙屋高幸『“町内会”は義務ですか――コミュニティと自由の実践』小学館新書，2014年。
辻中豊『現代日本の自治会・町内会～第１回全国調査にみる自治力・ネットワーク・ガバナンス（現代市民社会叢書１）』木鐸社，2009年。
中田実『地域再生と町内会・自治会』自治体研究社，2009年。
中田実・小木曽洋司・小池田忠・山崎丈夫『町内会のすべてが解る！「疑問」「難問」100問100答――防犯・防災から快適なまちづくりまで』じゃこめてい出版，2008年。
バウマン，ジグムント著／奥井智之訳『コミュニティ――安全と自由の戦場』筑摩書房，2008年。
森正美・宇治市文化自治振興課「地域コミュニティ活性化推進のための制度改革に向けた方策の検討」『平成27年度京都文教大学 COC 地域志向研究ともいき研究成果報告書』2016年，55-60頁。
――――「地域コミュニティ活性化推進のための制度改革に向けた方策の検討」『平成28年度京都文教大学 COC 地域志向研究ともいき研究成果報告書』2017年，49-52頁。
――――「地域コミュニティ活性化推進のための制度改革に向けた方策の検討」『平成29年度京都文教大学 COC 地域志向研究ともいき研究成果報告書』2018年，39-46頁。
――――「未来視点を取り入れた持続可能な地域コミュンティ施策実施に向けた検討研究」『平成30年度京都文教大学 COC 地域志向研究ともいき研究成果報告書』2019年，27-31頁。
パットナム，ロバート著／柴内康文訳『孤独なボウリング――米国コミュニティの崩壊と再生』柏書房，2006年。

コラム1

子育て世代の地域活動――気づきを表現する場とつながり

瀬戸真由美
（ホームエデュケーション・ギャザリング宇治代表）

小中学校の不登校者数は，年々増加している。娘も，その一人だった。彼女が，小学校への入学を頑なに拒否し，わが家はホームスクールをしていた。ホームスクールと言えば響きはいいが，親と子，マンツーマンで学ぶ場面がほとんどだ。閉塞感に襲われることは予想がついていたので，私は，なるべく彼女を連れ出し，いろいろな体験をさせ，さまざまな人たちと出会うようにした。そうした日々は充実していたが，そこに他の子どもの姿を見ることはなかった。

子どもたちは平日の日中，学校にいる。あまりにも当たり前のことが，違和感となって襲ってきた。そんな時，娘が「私みたいに学校に行ってない子，ほかにもいるんじゃないかな。その子たちも，友だちほしいんじゃないかな」とつぶやいたことが，「不登校，行き渋り，ホームスクール親子の集いの場ホームエデュケーション・ギャザリング」の始まりとなった。

ホームエデュケーション・ギャザリングの活動は，公共の施設などを間借りしながら，月に１度の集いの場を開催している。初回は，SNS での告知が中心だったため，遠方からの参加者も多かった。スタートから３年が経ち，宇治市内の参加者の割合が増え，リピーターの方，初めましての方もあわせて毎回10組前後の親子が参加している。子どもたちから「また，やって！」「毎日やって！」と言われると，娘が求めていたつながりは，多くの不登校親子が求めていることだったのだと実感した。

子育てをしていると，社会を見る目線が少し低くなる。子どもを通じて，多くの違和感に気付き，「気になること」が増えていく。それは，きっと，私だけでなく，多くの子育て世代が感じていることだと思う。その「気になること」をシェアし，共有する仲間がいると，行動が起こせるということも，活動を通して実感した。

１年前にアメリカ・サンディエゴの学校のプロジェクト型学習と，そこの生徒たちの成長を描いたドキュメンタリー映画の上映会を行った。上映後，「この映画を学校の先生や，他の保護者にも観てもらいたい」と不登校当事者の保護者たちが，私に声をかけてくれた。私は，その人たちと一緒に，宇治市で参加費無料の上映会を開催するに至った。宇治市内外から100人もの人が集まり，「その子にあった学び」を考える，またとない機会になった。

平成29年度の文部科学省の調査で，小学校の不登校者数は，185人に１人だという

活動の様子

（中学校は31人に1人。「児童生徒の問題行動・不登校等生徒指導上の諸課題に関する調査（平成29年度）」）。マイノリティともいえる人数の中，地域で心の内を共有できる仲間と出会うことは，簡単ではない。けれど，地域に「場」をつくることで，共通項を持った仲間が集まり，何かを始めるきっかけになることもある。子育ては忙しい，子どもは日々成長していく。うっかりしていると，せっかくの気付きもどこかへ流れていってしまう。その前に，ちょっと表現する「場」があれば，一人ひとりが地域に足跡を残す経験ができるかもしれない。

第Ⅰ部

大学と地域が編み出す防災

第1章
当事者意識を持てる自主防災組織のつくり方
——宇治市を事例として——

1　災害における公助の限界と求められる共助

(1)近年の自然災害と人々の対応

阪神・淡路大震災や東日本大震災に代表されるように，30年に及ぶ平成の時代は甚大な災害が多発した時代であった。伊勢湾台風で多くの犠牲者を出して以来，約40年間は一度に1000人を超える犠牲者を出す自然災害を受けることのなかったわが国にとって，巨大地震が一度に多大な人命や財産を奪ったことは，非常に衝撃的なことであった。

地下の様子は解明できていないことが多いため，地震の予知は非常に困難な状況である。一方，地上の様子，つまり雲の動き等は，気象レーダーや気象衛星などによって収集される膨大な情報を解析する技術が発達し，台風や前線がもたらす豪雨については，精度の高い予報ができるようになった。しかしながら，近年の日本では，地球温暖化の影響と考えられる，かつて経験してこなかった短時間集中豪雨に襲われるようになっている。2018年の「平成30年７月豪雨（西日本豪雨)」では，広範囲で非常に多くの犠牲者を出した。被災地が豪雨に見舞われる３日前から気象庁による異例の記者会見が行われ，予報が正確で，過去の氾濫情報が周知されていたとしても，ダムや堤防などの治水が整った現代社会では災害イメージを持つことは難しいことである。災害の危険性を頭では分かっていても，いざ被災すると，「まさかここまでくると思わなかった」「自分だけは大丈夫だと思っていた」といった声が，聞かれる。

平成の時代はまた，災害への警戒を人々に伝えるための改善・工夫が行われ，変化しつづけた時代でもある。災害のたびに避難の在り方や情報の伝え方も見直されただけでなく，さまざまな新しい用語も次から次へと出てきた。「記録的短時間大雨情報」「特別警報」「警戒レベル」など，新しい言葉を把握するのに行政の防災担当者はもちろん，地域の自主防災リーダーも苦慮しているが，実際のところこれらの言葉を理解するだけで満足する傾向があるのではないかという指摘もされている。京都大学防災研究所の矢守克也氏は，このような防災用語のことを「プラスチックワード」と考え，人々が思考停止に陥ることに警鐘を鳴らしている。「プラスチックワード」とは，言葉を使っている本人がその意味を十分に理解出来ていないにもかかわらず，その言葉の新しさのオーラから多くの人を沈黙させ納得した気にさせる言葉で，ドイツの言語学者ベルクゼンが提言したものである。自主防災リーダーも各種研修を受講し，そこで学んだ防災の最新情報を地域住民に伝えているものの，新たに発生した防災関連用語を便利には使うものの，地域防災の問題解決にはつながっていないことがないだろうか。

(２)公助の限界と共助のあり方

近年発生した大災害では，地方自治体などの行政が災害時，市民一人ひとりへ対応することに限界があることが明らかになっている。2011年の東日本大震災では，役所そのものが津波の被害を受けて機能不全となり，2015年の広島土砂災害では，深夜から未明の災害に対し，24時間体制で市町村が災害を把握することの限界が示された。2018年の西日本豪雨では，住民からの電話対応に追われ本来の業務に支障が出るなど，市民が行政に頼りきりの防災意識が露呈された。そもそも行政で防災等の危機管理担当者が，大学在学時に防災を専門としていることは希で，災害経験のある職員も少ないため，災害対応を個別に実施することは難しい。2019年の東日本豪雨では，被災経験のある自治体職員が派遣され，被災自治体職員にアドバイスをすることも多く見られた。

共助の必要性が叫ばれるようになったのは，阪神・淡路大震災での経験がきっかけである。その根拠となるのが図１-１のグラフである。災害時の救助が，

(a) 救助の主体と救出者数

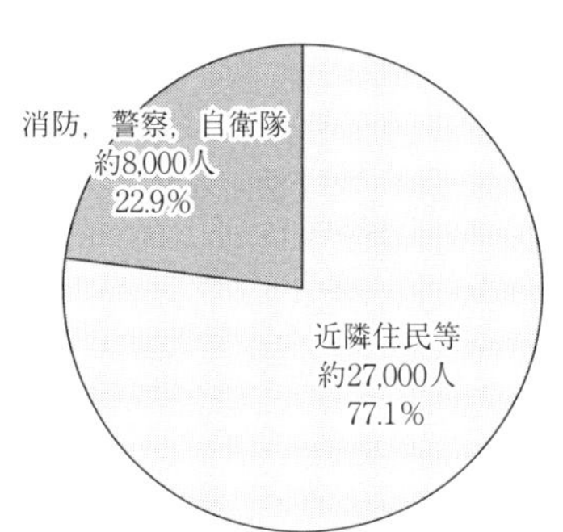

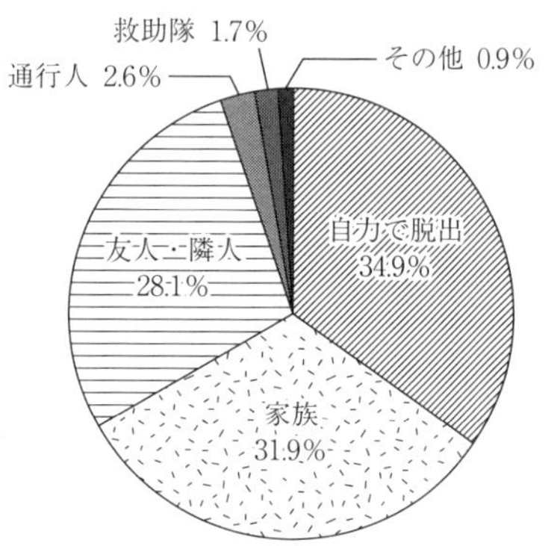

図1－1　阪神・淡路大震災における救助の実際

（推計）(a)河田惠昭（1997）「大規模地震災害による人的被害の予測」自然科学第16巻第１号参照。ただし，割合は内閣府追記。
（標本調査）(b)（社）日本火災学会（1996）「1995年兵庫県南部地震における火災に関する調査報告書」参照。
（出所）(a)平成28年版「防災白書」より引用。(b)平成26年版「防災白書」より引用。

家族や近隣住民によって行われたことがわかる。防災の基本知識として，関係者であれば一度は必ず目にする調査結果であろう。

このような「共助」の重要性から，地域住民が自発的に防災計画を作成する活動を支援するため，災害対策基本法が改正され，2014年から「地区防災計画制度」がスタートした。これによって，地区居住者等が，地区防災計画（素案）を作成し，市町村地域防災計画に地区防災計画を定めるよう，市町村防災会議に提案できることとなっている。

地域コミュニティの強さは，防災にとって非常に重要である。そこで問題となるのが，地域住民間のかかわりが少なく希薄な社会情勢の中で，地域コミュニティをいかに形成するかである。筆者が熊本地震の被災地へ訪れた際に，震源地に近い益城町の人々が発災後に取り組んだ安否確認や炊き出しなどの内容を聞くたびに，熊本市のように地域のつながりがある土地柄だからできたことが多く存在し，つながりの薄い都市部では難しいことがよくわかった。共助が機能するためには，地域では，どのような人がどのような生活を送っているのか把握しておくことが大事であるが，プライバシーの問題や民生委員のなり手不足などの課題も多くあり，なかなか難しい現実がある。

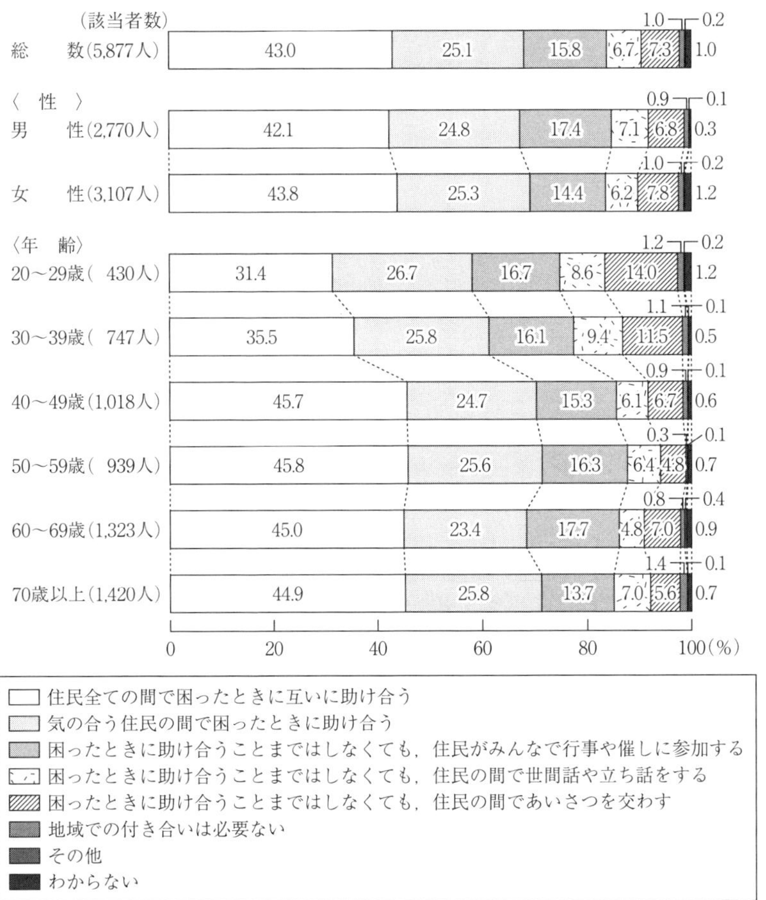

図1-2　望ましい地域でのつきあいの程度

（出所）　内閣府「社会意識に関する世論調査」平成28年2月。

ところでここで，近年の日本全体における地域コミュニティに対する人々の意識を確認しておきたい。人々はどの程度の近所づきあいを望んでいるのであろうか。図1-2は，内閣府が2015（平成27）年に調査した「望ましい地域でのつきあいの程度」に関する質問である。望ましいつきあいの程度として，「住民全ての間で困ったときに互いに助け合う」が40代以上の各世代で4割以上を占めている。この結果は，頻発する災害に対して，地域コミュニティが防災に取り組まなければ，自らの命を守ることも自らの地域を守ることもできないという人々の意識の表れと考えられ，災害が大きく報道されるたびに強まるものと思われる。地域における災害に対する危機感の共有が問われているといえよう。

(3)地域に求められる力

平成30年度版の『防災白書』には，九州北部豪雨の調査をもとにまとめられた報告が掲載されており，その中では，行政からの情報を待たない自主的な避難や，近隣住民等からの避難を促す声かけ等による避難がみられるなど，「地域による対応」に着目すべき行動があったこととして，次の①～③の事例が紹介されている。

①福岡県朝倉市：行政と住民の協力による市内全地区の「自主防災マップ」が平成26年度までに作成・全戸配布されており，住民による地域の危険箇所等の確認や避難場所の周知ができていたことにより，避難場所への避難行動がとられていた。

②福岡県東峰村：各地区で平常時に自治体から提供された避難行動要支援者名簿の情報を基に，避難行動要支援者支援計画が作成されており，災害時に当該支援計画による避難支援等が行われた。また，平成27年度から年１回（平成28年度からは毎年６月），村民を対象とした避難訓練が実施されており，村民の約半数が参加，今回の災害の直前にも避難訓練が実施されており住民の円滑かつ迅速な避難につながった。

③大分県日田市：過去の豪雨災害の教訓を踏まえ，地域の防災力の強化に向け，自主防災組織等の地域防災の要となる組織やリーダーの育成に取り組み，今回の災害では，こうした組織やリーダーにより，行政からの情報を待たずに地域の住民への避難の呼びかけがなされ，住民の避難行動につながった。

白書では次のようにまとめている。「全国どこでも近年経験した災害を超える想定外の災害が起こりうる。その際には，住民がこうした自助・共助の取組を平時から行なっておく習慣（心がけ）が必要である，住民自ら防災知識の普及・啓発に努め，地域で協力して自主防災マップの作成，ハザードマップの確認や街歩きなどによる地域の災害危険箇所の把握，防災訓練の定期的な実施，住民・行政・専門家等が一体となったワークショップ等を通じた地区防災計画策定への取組が今後ますます重要となっていくと考えられる。」

行政主導の避難対策の限界は，令和元年度版『防災白書』でさらに強く示されており，「平成30年７月豪雨を踏まえた水害・土砂災害からの避難のあり方について」の報告書では，「国民一人ひとりが主体的に行動しなければ命を守ることは難しい」として，国民に対して次のとおり呼びかけている。

〈国民の皆さんへ――大事な命が失われる前に〉

・自然災害は，決して他人ごとではありません。「あなた」や「あなたの家族」の命に関わる問題です。
・気象現象は今後更に激甚化し，いつ，どこで災害が発生してもおかしくありません。
・行政が一人ひとりの状況に応じた避難情報を出すことは不可能です。自然の脅威が間近に迫っているとき，行政が一人ひとりを助けに行くことはできません。
・行政は万能ではありません。皆さんの命を行政に委ねないでください。
・避難するかしないか，最後は「あなた」の判断です。皆さんの命は皆さん自身で守ってください。
・まだ大丈夫だろうと思って亡くなった方がいたかもしれません。河川の氾濫や土砂災害が発生してからではもう手遅れです。「今，逃げなければ，自分や大事な人の命が失われる」との意識を忘れないでください。
・命を失わないために，災害に関心を持ってください。
・あなたの家は洪水や土砂災害等の危険性は全くないですか？

・危険が迫ってきたとき，どのような情報を利用し，どこへ，どうやって逃げますか？
・「あなた」一人ではありません。避難の呼びかけ，一人では避難が難しい方の援助など，地域の皆さんで助け合いましょう。

一見，行政の責任放棄とも捉えられかねない内容であり，日本学術会議の防災学術連携体シンポジウムでもかなり踏み込んだ内容で今後の地域防災のあり方に一石を投じたものとして報告された。地域では自主防災リーダーが中心となり，災害を防ぎ人命を救いたいという使命感のもと防災活動が模索されている。しかし，防災訓練などは毎年同じというわけにはいかず，マンネリ化を防ぐためにさまざまな工夫を行うことが必要になるが参加率を上げるためにはどうすればよいか，苦戦している例も多い。また，さまざまな情報について，かなり意識的に対策を行わなければ，地域間で共有することは難しい。自主防災リーダーの負担は非常に大きいことが想像できる。では，行政任せではない，「自分の身は自分で守る」地域防災はどのように実現すれば良いかを考えると，地域の資源を活用し行政と連携して地域防災を考えていけば，負担は軽くなるものと思われる。

2　宇治市における自然災害と人々の意識

地域と本学の防災の取り組みにふれる前に，宇治市の地勢と自然災害の歴史について，宇治川流域を中心に，簡単に紹介する。

市西部にかつて存在した巨椋池（おぐらいけ）は，昭和初期まで宇治川低地と木津川低地との間に存在した水深１mほどの非常に浅い池沼である（図1-3，図1-4）。周辺は京都盆地でもっとも標高が低く，10mにも及ばない。巨椋池は，昭和初期に干拓されるまでの間，宇治川，木津川，桂川から逆流した川の水を受けるための遊水池としての役割を担っていた。巨椋池に水を供給していたのは宇治川で，平等院の南にある槇島から巨椋池に流れ込んでいた。その周囲は低湿な氾

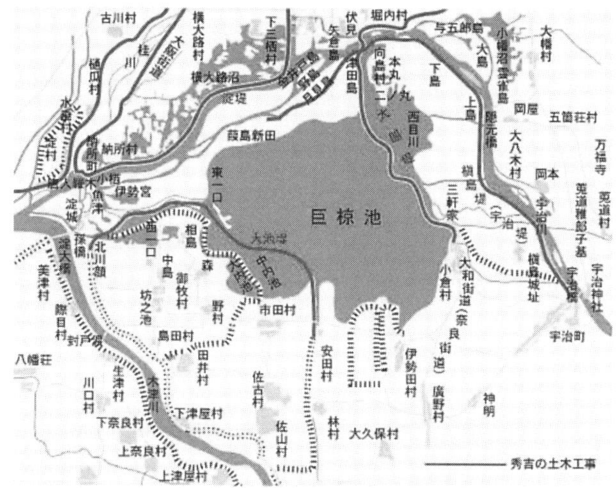

図1－3　豊臣秀吉の時代における巨椋池周辺地図

（出所）　国土交通省近畿地方整備局淀川河川事務所資料より。

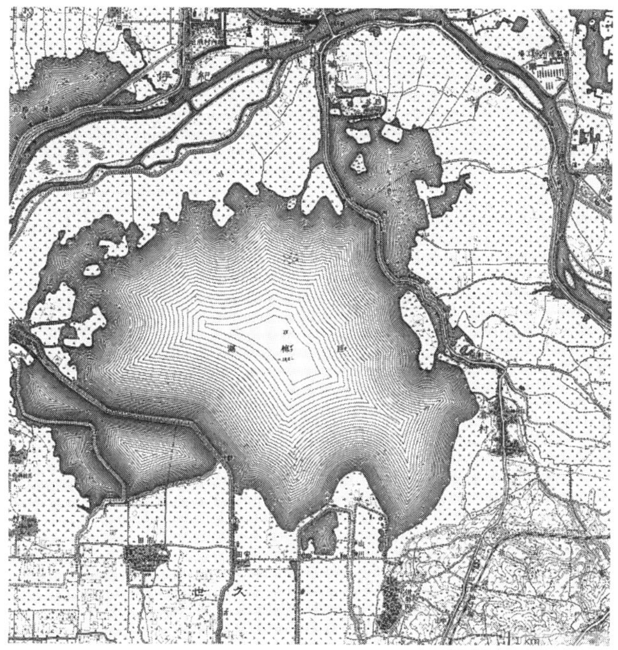

図1－4　明治初期の巨椋池

（出所）　国土地理院地図より。

図1-5　宇治川流域図

（出所）国土交通省，淀川河川事務所　WEBSITE より（https://www.kkr.mlit.go.jp/yodogawa/shisetu/misu-museum/history/history.html）。

濫原低地であった。16世紀末には，伏見城を築いた豊臣秀吉により２本の堤防が築かれ，宇治川は巨椋池から切り離されて，現在の流路の原型がつくられている（図１－５）。西目川や三軒屋の集落は，微高地を利用した堤防であるが，巨椋池西側にある東一口（ひがしいもあらい）などの集落には，数m規模の盛土や石積みを行った水屋づくりの住宅が並んでいる。水屋は，水害時の人命や家財の避難場所になっており，また居住の池側の１階部分が舟屋であったことを思わせる建物もみられた。

巨椋池は1941（昭和16）年に干拓が完了したが，周辺域は，頻繁に大水害に見舞われてきた土地でもあった。宇治市に大きな被害をもたらした風水害は，台風や梅雨前線等による集中豪雨であり，今でも語りつがれるのが，1953（昭和28）年の京都府南部地域における大水害（図１－６）であり，同年に２度発生している。最初は８月15日に豪雨による大規模な災害が発生し，土砂災害等で200人以上が犠牲になり，京都文教大学近くにかかる隠元橋が流失するなどの被害があった。また，９月25日には，近畿地方に未曾有の豪雨をもたらした台風13号により，宇治川が決壊し，1035戸が浸水被害に遭うなどの大きな被害が記録されている。天ヶ瀬ダムの建設は，この水害がきっかけとされている。

近年では2012（平成24）年８月に発生した京都府南部地域豪雨で，市内では死者２名，床上・床下合わせて2075戸の浸水被害を引き起こす激甚災害が起こった。2013（平成25）年９月の台風18号による豪雨では，京都府では全国で初めて特別警報が発令され，市内では半壊１戸，床上浸水22戸などの被害にあった。この際は，天ヶ瀬ダムが許容を超える水量となったため，建設後初めて非常用放水口であるクレストゲートを開き，対応したことでも知られている。

そもそも災害への備えは，この地域にとって重要な課題であるにもかかわらず，とくに新しくこの地に住むようになった人々には知られていないことが多い。1996（平成８）年に京都市向島，宇治市西小倉，京都府久世郡久御山町の1000人を対象にしたアンケート調査では，この地域が以前は巨椋池という大きな池があったことを知っている人は約６割であり，また今でも排水機場から水をくみ出していることを知っている人は約３割であった。７％の人は巨椋池の

図1-6　1953（昭和28）年大水害による宇治川堤防の決壊
（出所）　図1-3と同じ。

存在すら知らなかったということである。防災以前に地域の歴史等の理解を進める必要があるのは当然のことといえるが，新しく流入した住民に対して，いかに地域の歴史を伝えるかは，防災の意識を醸成する観点から重要である。

2014（平成26）年8月に発生した広島市における土砂災害で，多くの犠牲者を出した安佐南区・八木地区は，1970年代から急速に進んだ宅地開発により人口が急増した地域である。災害後に地元紙の中国新聞社が行った調査では，崖崩れや土石流の危険を認識していたのは，50人中16人（32%）であった。若い世代ほどマイホームの購入判断として，アクセスの良さと価格の安さを最優先させる傾向にある。地域の災害に関する認識を深める必要性を，災害経験地域の教訓から学びたいものである。

3　地域と大学が取り組む防災行動
――マイ防災マップ作りと福知山市・佐用町との交流――

(1)マイ防災マップの作成

災害に備えるためには，まずその地域の自然などの地理的特徴を知る必要がある。そして，過去にどのような災害が発生したか，現在起こりうる災害は何か，どの場所が災害に対して脆弱なのかを知り対策を立てるのが有効であると考えられる。

2015（平成27）年９月関東・東北豪雨では線状降水帯の発生による大雨により鬼怒川が氾濫し，流域の常総市で堤防が決壊した。その後の中央大学理工学部河川水門研究所が行ったヒアリング調査によると，浸水地域の住民の61％が「ハザードマップを知らない，見たことがない」という調査結果が出て，ハザードマップを事前に見ておく必要性が認識されるようになった。

それ以降は相次ぐ自然災害により，ハザードマップの存在はよく知られるようになったが，見たことはあってもいつでも参照できる状態になっていないなど有効活用されていないケースも多い。また，マップ上で同一の被害想定に区分された範囲でも，実際の被害が一様に発生するとは考えにくく，地形の微妙な窪み等でも変化する。さらに，もともと水田であった土地が宅地化されたケースなどの場合，暗渠（かつての水路や小河川を地中に埋設したり蓋をかけたりしたもの）が，内水氾濫時（堤防の内側で排水できない雨水が溢れること）には濁流となる可能性もあり，非常に危険な状況になり得る。

そのような地域の詳細な情報は，行政に頼ることはできず，地域住民の手で情報をつかみ共有化することが重要である。そしてまち歩きによって得られた情報を地域住民の手で地図化していくと，地域のどこにどのような危険が潜むのかが可視化しやすい。

マイ防災マップは，過去に発生した災害の情報や避難所までの経路，避難経路上の危険箇所，必要な防災対応などを，地域住民自らの手で地図に記述したものである。このマイ防災マップ作成を推進することになった契機は，2009（平成21）年に発生した兵庫県佐用町を中心とした甚大な災害である。災害後に近畿地方整備局に設置された「局地的豪雨による被害軽減方策検討会」における豪雨被害軽減方策の検討の結果，マップはつくられた。

マイ防災マップを作成する過程を通じて，避難の手順や避難する際の情報を認識し，防災の方策等を修得することができ，自律的な避難行動を促すとされている。さらに，地域住民同士が地図作成に協力することにより，住民間のコミュニケーションが促進され，地域コミュニティを強化する効果も期待されている。

その例として，以下では京都文教大学と宇治市槇島東地区住民との協働によるマイ防災マップづくりについて紹介したい。今回のマイ防災マップ作成は，宇治市危機管理課および国土交通省淀川河川事務所淀川管内河川レンジャーの協力を得て，槇島東地区の住民と京都文教大学の学生によって行われた。

河川レンジャーとは，これまで国土交通省や地方自治体が進めた治水などの川の整備により，川に対する住民のかかわりが少なくなり，水害に対する意識が薄れていったことへの反省から組織されたものである。これまでの行政中心の川の管理・整備から，住民と行政が一緒になって，川を守り，育てていくために誕生した背景がある。河川レンジャーになるためには各種講座を受講して国土交通省淀川河川事務所が中心となり組織する「河川レンジャー運営会議」によって認定される必要があり，レンジャーに任命された場合，次のような活動で河川と地域の人々とをつなぐ役割を果たす。

①防災の推進を図る活動：防災意識の啓発，自主防災活動の活性化
②川の管理を支援する活動：河川利用者への安全指導，河川美化（清掃活動等）
③川の環境保全を図る活動：環境啓発（自然観察会等），貴重種の監視と外来種の駆除
④川の歴史・文化を普及・啓発する活動：歴史・文化教室（河川と地域の歴史等）
⑤川づくり・人づくりへの参画・支援する活動

マイ防災マップを作成するエリアとしては，槇島東地区が選定された。槇島東地区は京都文教大学の南に位置し，これまで防災の取り組みを積極的に行ってきた。京都文教大学を会場として行われた2015年度の宇治市防災訓練では，その際の自主防災リーダー研修のシンポジウムでも，槇島東地区辻昌美防災対策会議会長が基調報告をしており，防災活動の先進的な地域として知られている。

学生は，現場実践科目（プロジェクト科目）「宇治・伏見防災プログラム」の

図１－７　槇島東地区の西山正一氏による水害に関する講義

履修生（17名）が防災の授業に取り組んだ。授業のスケジュールとマップ作りは下記のとおりである。

〈授業スケジュール〉

①ガイダンス・各自の防災に関する調べ学習

②槇島東地区：西山正一氏による過去の宇治市における水害に関する講義（図１－７）

③バスを利用した宇治防災フィールドワーク

・弥陀次郎川：扇状地を流れる小河川が天井川化していることが珍しくない。上流からの土砂供給が多い河川で，自然地形としても形成されるが，人為的に河川の堤防の嵩上げを続けた結果，河床が周囲の建物以上の高さに上昇して天井川化していることが多い。2013（平成25）年の水害時に氾濫を起こした。

・天ヶ瀬ダム：1953（昭和28）年の水害をきっかけに建設の機運が高まり，1964（昭和39）年に完成した。放流能力増強をはかり，地下トンネル式

図1－8　地域住民と学生とのフィールドワーク後の振り返り

放流設備が2021年に完成する予定である。

④宇治市危機管理課への訪問

・河川レンジャー：居原田晃司氏よりマイ防災マップの説明

・宇治市危機管理課：大原豪氏より宇治市の災害対策等の説明

⑤マイ防災マップ作成のためのフィールドワーク

・槇島東地区との協働での作成

・危機管理課からの課題提示

京都文教大学から高台にある小倉小学校までの避難を想定したマイ防災マップの作成

⑥まち歩きの振り返りと地図作成

〈槇島東地区との協働によるマイ防災マップ作成〉

集合：槇島集会所

・槇島東地区防災対策会議会長・辻昌美氏よりご挨拶

・マイ防災マップの作成に関する説明

・フィールドワーク（災害避難時集合場所～槇島小）

まちを歩きながら，危険箇所・注意箇所・安全な箇所を学生が手持ちの地図に記載し，過去の水害の被害を学生に伝える。民生委員・福祉委員は地域の要援護者への支援方法も考えながら歩く。

・フィールドワーク後の振り返り（図１-８）

集会所に戻り，調査結果を拡大地図に書き写し，各人が自由に思ったことを記載し，話し合う。

あいにく当日は大阪府北部地震発生（2018年）の翌日であったため，対応に追われた市の危機管理課は参加できず，学生や地域住民も若干人数を減らすことになったが，自治会からは24人と非常に多くの参加者があった。しかし地震の翌日ということもあり，予定していた水害だけでなく急きょ地震災害も考えブロック塀なども見るよう参加者から依頼が出ることとなった。

学生は，宇治市在住の者がほとんどいなかったため，見ず知らずの場所を初めて歩くので新鮮なことが多く，住み慣れている地域住民とは異なる視点から地域を見ることができたと思われる。

フィールドワークでは，地図の等高線などでは分からない微地形や，氾濫時に障害となり得る道路の事物など，さまざまな観点から地域を見ることができる。マイ防災マップの作成は，改めて地域を見直すきっかけの１つとなり得るので，有用である。とくに，地域は時間とともに姿を変えるので，更新する目的で毎年行ってもマンネリにはならないと思われる。また，地図作成という作業過程で，コミュニケーションをとれることも明らかとなった。

図１-９に掲載のマイ防災マップは，今回作図用のソフトを使用せずにあえてWORDを使用して作成した。これは，住民たちにとってより汎用的・一般的なソフトの方が，作成しやすいと考えたためである。学生もWORDならば非常に簡単に操作できたため，振り返り後の地図のデジタル化の作業を，非常に短時間で済ませることができた。

地域の自主防災の課題は，住民の意識差が大きいことである。災害に無関心

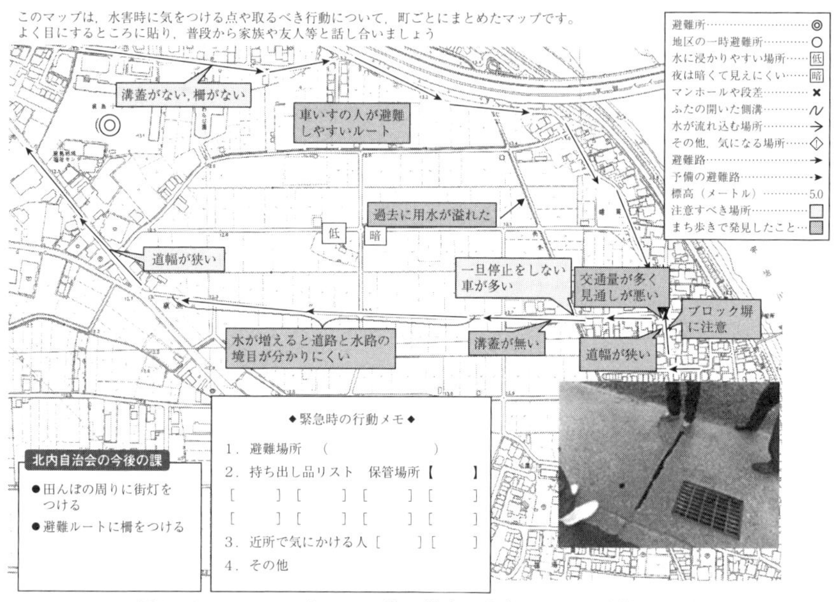

図1－9　フィールドワーク後に学生が作成したマイ防災マップ

であったり，頭では分かっていても備えに対する行動ができない住民に対して，防災訓練等への参加をいかに促すかは，全国各地の多くの自治会で頭を悩ましている。今回のように学生と共にマイ防災マップを作成するとなれば，なかなか若い世代と話すきっかけがない高齢者には，地図作成をきっかけに交流をもつ機会にもなり，参加が期待できるものと思われる。

この2018年の実践報告は，宇治市自主防災リーダーのフォローアップ研修で報告された。研修後は，次年度以降の実施を要望する声もあり，自主防災を進める上で地域が大学と連携を希望することの表れであると考えられる。

翌2019年は宇治市内の南陵町自治会と共にマイ防災マップを作成したが，その際は「防犯」の観点からも地図作成を依頼された。このような情報を記載したマップは防災だけに限らず活用できるであろう。

(２)民生委員同士の交流を通した防災活動

次に紹介する地域と大学との協働による防災対策は，宇治市北小倉地区の事例である。

宇治市北小倉地区（図１－３参照）は，近鉄小倉駅西側の一帯であり，市立北小倉小学校の学区である。地域的には巨椋池干拓地に，昭和40年代から京都・大阪方面へ通勤する人々のベッドタウンとして住宅開発が進んだ地域である。現地は比較的新しい時代に駅前周辺に建設されたマンションを除き，ほとんどが一戸建てであり，市内でも戸建て率が高い地域である。町の区画は非常に整然としているようにみえるが，巨椋池干拓地の排水路に沿って区画割りされているためであり，住民が入居した当時はスプロール的に虫食いの状況で次から次へと造成されたとされている。同時期に入居が進んだため，近年は住民の高齢化が一斉に進んでおり，高齢化率は市内・府内の平均と比べても高く，夫婦，あるいは配偶者と死別した高齢者が暮らす一戸建てが多くを占める，典型的な高齢ニュータウンである。

北小倉民生委員児童委員の奈佐廣美氏は，京都文教大学で実施している宇治市高齢者アカデミーの２期生であるが，防災に対する関心が非常に高く，大学との協働研究を希望し地域からエントリーした（図１-10）。２年間の協働研究のメインに行ったのは，被災地訪問，および民生委員同士の情報交換会である。

1)福知山市（2015年11月２日）

由良川沿岸にある福知山市は，度重なる水害に見舞われてきた地域であり，2013（平成25）年と翌年に立て続けに大雨災害を受けた。この日の福知山市巡検では，午前中に民生委員同士の交流研修会を実施し（図１-11），その浸水被害の状況報告と，民生委員の活動についての情報交換が行われた。福知山地域における災害対応による課題や気付きとしては次の３点があげられていた。

・民生委員児童委員活動の周知
・地域のつながりの重要性
・民生委員同士の連携

図1-10　事前学習として北小倉民生委員児童委員協議会の活動を学生に説明する授業の様子

図1-11　民生委員同士でグループに分かれての情報交換会

図１-12　福知山市戸田地区のフィールドワーク

午後には福知山市内で被災した土地をフィールドワークした（図１-12）。福知山城から市内を眺めると，地形的に水が集積しやすく，雲も発生しやすい状況を把握できた。

最後に訪れた戸田地区は，度重なる洪水に見舞われた土地を住民が離れ，集団移転してきた地である。洪水を防ぐために土地を嵩上げする計画であったが，造成中に再び浸水したことで知られる地区である。午前中の研修で生々しい証言を聞いたが，実際に訪れると災害があったとは思えないほど穏やかな地であり，豪雨の恐ろしさを実感することとなった。

情報交換会には，前述のプロジェクト科目・防災の履修学生もオブザーバーとして参加した。学生の感想をいくつか記しておく（表１-１）。

2）兵庫県佐用町（2016年10月31日）

佐用町（図１-13）は，2009（平成21）年８月の台風９号による豪雨で，死者・行方不明者27人を出した地域である。この災害では，夜間に避難勧告が出され，犠牲者の多くが移動中に，とくに避難所に向かう途中の暗い夜道で濁流

表1-1　福知山市防災フィールドワークの感想

・福知山市へ見学に行ってお話をうかがった際に，一学生として民生委員の皆さんとともに何か出来ることはないかということと，地域で防災について考える際にあれもこれもとなりかえって難しくなってしまうのではないかなど，たくさん考えさせられました。それと同時に，私の思いや考えを他の人たちに発信することが大事だと思いました。防災について，多くの人の理解や協力を得るためには，「思い・考えたこと」を「行動に移せる」過程を，大勢の人が身につけられる場をもっと増やすことが大事なのではないかと思いました。
・「減災」という言葉は，恥ずかしながら今回の授業でお話を伺うまで，言葉自体を知りませんでした。水害が発生してからあれこれやることも大切ですが，災害が起こる前に備えておくことの大切さを知りました。「水害」について，自分には関係ないと思っていましたが，改めて「水の恐ろしさ」を感じました。それ以上に「自分には関係ない」「災害は来ないだろう」という人々の意識が一番怖いことに気付きました。

図1-13　佐用町の位置
（出所）佐用町役場ホームページより。

にのみこまれた。この事案を教訓に，急激な浸水で屋外での行動が困難な場合に，自宅2階に逃げる「垂直避難」という言葉が周知される契機ともなったのが，この災害である。

研修会（図1-14）では，まず，智頭急行智頭線・平福駅周辺における被災状況の把握として，民生委員児童委員協議会（以下，佐用町民児協）の内海典子副会長の案内により見学が行われた（図1-15）。平福は，因幡街道の宿場町として栄え，現在もその歴史的な町並みが残されている地である。被災からすでに7年が経過したため，佐用川堤防等はほとんど改修が終わっていたものの，佐用川沿いの石垣上にある土蔵には当時の水位を表す跡も見受けられた。また，水位が1mを超えたことを示す標識や，川の合流点では上流からの木々により川が塞がれ，氾濫をさらに加速させたことなど，当時の様子に関する話があった。

佐用町役場会議室に場所を移し，佐用町企画防災課の久保正彦課長から，NHKスペシャルや役場で記録した映像を交えて当時の話があった。当時の被

図１-14　佐用町役場における情報交換会

図１-15　佐用町平福地区でのフィールドワーク

害状況の説明では，役場も被災し機能を失ったことや，大挙して押し寄せるメディアへの対応に手間どったことなど，統計資料だけではわからない災害時の実態の話があった。また，災害後に水運びなどで中高生が活躍したことの紹介もあった。

復興への取り組みとして，①まちの備えを高める，②まちの「減災」をめざす，③まちの力を蓄える，の３点を中心に展開されているが，公助だけでは限界があることへの言及もあった。とくに自主防災組織の充実と育成のために，防災マップについての研修会や作成実技講習会を行っているが，目的としては，マップを完成させることよりも，そこに参加して意見を交わし住民意識を高めることが重要であるとの指摘があった。また，今後の地域社会を担う人材の育成として，2019年現在，小学校の総合的な学習の時間に展開されている防災教育への取り組みについても報告があった。

佐用町民児協の大江秀謙会長からは，災害発生前後の民生委員の取り組みについて話があった。その中で強調されたのは，民生委員は便利屋ではないので，災害時にできることとできないことを分けて対応すること，民生委員の役割は，大雨の中で一人ひとりを避難させることではなく，避難準備情報が発令された時点で避難を促すこと，さらに災害後は，住民の心のケアが非常に大切であり声かけを頻繁に行うことなど，災害を直接経験したからこそ話せる，貴重な体験談をうかがうことができた。

また，佐用町民児協が活動記録として発行した『平成21年８月大水害を忘れないために』には，住民たちが体験したありのままの様子が描かれていた。車が浸水したためクラクションが鳴りだす状況，大雨の中で安否確認をしようと外に出ることに対し「民生委員でもそこまでしなくてよい」とたしなめられたこと，被災後に助けられた命があったのではと自問自答する日々を過ごしたこと，民生委員の対応をメディアが批判的に書いたことに心を痛めたことなど，数々の苦悩は民生委員ではない筆者にとっても，非常に印象に残るものであった。

佐用町での情報交換会も前年に引き続き，学生がオブザーバーとして参加し

表1－2　佐用町防災フィールドワークによる学生の感想

私は宇治で育ち，今も宇治に住んでいる。そこで，宇治川がもし氾濫したらどこに避難するべきか備蓄はどこにどれだけあるかを簡単にだが，家族で話し合う機会があった。そこから，宇治の防災について宇治の住人として，これからの危険に備え知っていきたいと考えだすようになった。（中略）今回，私たちは，豪雨で増水し被害にあった佐用町に行った。佐用町に降り立ち，まずはじめに，懐かしさを感じさせてくれるような風情ある綺麗な街並みを歩いた。こんな場所で被害があったとははじめは思わなかった。歩き進めていくと，佐用川が見えた。川沿いを通っていくと景観に合わせた川の石垣があった。また，進み続けると豪雨の爪痕が残った家が立ち並んでいた。負の思い出はずっと残っていた。しかし私は洪水であんなに染みが残っているとは思っていなかったのでこんなにも水が高かったのかと衝撃だった。また，家をみて辛い思い出を思い返される方がいると思い，残してくださっているおかげでこのような思いにさせてくれるので，貴重な体験をさせていただきありがたいと感じた。また直接，現場の声が聴けた。普段の川の水量から大丈夫だと思っていたら，あっという間に水が濁流のように迫ってきた。頭が真っ白になったとおっしゃっていた。私も川沿いを歩いていて思っていたよりとても水が低いところにあり，水量も少なかったので氾濫するようには思わなかったので，もし私も現場にいたら同じように思うだろうと感じた。今回の視察を通して，被害が大きくなった原因の一つとして，少し高を括っていたからだということが実際にきいた声で分かった。災害前にもっと何かできることがもっとあるのではないかと感じた。やはり，全員一人一人の意識や全員の協力，支えあいが大切なのだと感じた。 日本に住んでいる以上，自然災害に見舞われる可能性は非常に高い。東日本大震災から５年，阪神・淡路大震災から21年を経過した。今回の視察をきっかけに，大きな災害がどんどん起きているからこそ教訓にして，私も宇治川が氾濫や地震が起きるという前提で意識して生活していけたらと思う。

た。履修者の中には宇治在住の学生がおり，自分の居住地域もイメージしながら表1－2のような感想を記している。

(3)民生委員同士の交流（その後）

このように民生委員同士の交流を２年連続で実施した。一般的に，民生委員としての防災活動は，防災の専門家や研究者を呼び講演会を開いたり，地元に近い防災関連施設を訪れたり，防災訓練を行うなどの活動が多いと思われる。しかし，それらは体験を伴わなければ印象に残らず，実感に基づいて行動することが少ないように思われる。

そのため，福知山市と佐用町という２つの被災地に訪れてフィールドワークや情報交換をした経験が，その後の民生委員の活動にどのように影響したのか，３年後の2019年10月に，アンケート調査をした（表1－3）。

当時は23名の民生委員児童委員で組織されていたが，体調不良やすでに他界

表1－3　アンケート実施詳細

実施日：2019年10月（２週間で回答・回収）　方法：質問紙・自由記載方式（無記名）
回答：16名（両日参加：７名，福知山のみ：４名，佐用町のみ：５名）　回収率：約70％
（質問項目）
1　福知山と佐用町への見学について参加の有無をお答えください。
2　現地に訪れてから３年以上が経過しますが，あなたが現在でも強く記憶に残っていること（現地での様子や民生委員の方の話など）について，具体的にお書きください。
3　現地を訪れた後で，あなたは非常時に備えて，具体的に何を持つようにしていますか。
4　現地を訪れた後で，あなたの防災意識や行動で変化したことはありますか。あてはまることの（　）内に○をつけてください。○はいくつつけてもかまいません。
（　）天気予報を欠かさず見るようになった。
（　）ハザードマップを見たり掲示したりするようになった。
（　）街の中で危険な箇所がないか，散歩などの時にチェックするようになった。
（　）非常時のことについて，家族や親戚などで話し合うようになった。
（　）他の地域での水害のニュースを熱心に見るようになった。
（　）地域の人に防災のことを話題にすることが増えた。
（　）防災倉庫や避難所などがどのようになっているか，気にするようになった。
（　）防災に関する講演会に行くようになった。
（　）自然災害に見舞われた地域などへボランティアに実際に行った。
（　）２階に寝室を移動したり大事なものを移動したりした。
5　その他，地域の防災について，日頃から気になることなどご意見を自由に書いてください。

された方もおられたため，回答が得られたのは16名からであった。アンケート集計の第一印象は，当時のことを比較的よく覚えており，振り返っていたことである。これらを集計した中で，民生委員同士の交流の成果と思われる内容を挙げたい（表1－4）。

これらの結果として，印象に残った事項は人それぞれであるが，「発災前の早めの避難の重要性」や「被災者が出た際の民生委員としての無念さ」「民生委員の活動の限界」について述べられており，まっとうな防災意識と行動につなげられている印象がある。また地域防災も行政任せにせず，地域で早期避難を促す意識をもっていることが評価できる。

防災には災害時イメージをいかに持てるかが重要と，日本学術会議の防災連携帯の研究でも指摘されている。水位のあがった川，橋に大量にかかる流木，泥だらけの道路と家屋など，アンケート結果では福知山市でも佐用町でも如実に災害時のイメージが表現され記憶に残されていた。映像を見るだけでなく実際に被災した現地へ足を運び，話を聞く「防災フィールドワーク」は，非常に

表１−４　アンケート集計より

（質問２）現地に訪れてから３年以上が経過しますが，あなたが現在でも強く記憶に残っていること（現地での様子や民生委員の方の話など）について具体的にお書きください。
＜福知山市＞ ・近隣住民のお互いの見守り，そして声掛けの大切さ日頃から防災意識を高め早期避難の大切さを認識すること，そして地域の安全確認は，まず自分の安全確認からはじめること。 ・近隣住民や行政と共に日頃から情報交換や共同訓練で連携を深めておくことが地域全体の防災力を高めることとわかった。 ・浸水被害は主に内水氾濫であったとのこと。下水道の雨水管やポンプ施設が不十分で雨量に追いつかなかったのが原因とのことと改善の余地があると思われた。 ・由良川氾濫の生々しい体験談。水位の急上昇等，河川の増水の怖さを痛感したとともに異常気象時における避難の重要性とタイミングの難しさを感じたこと。 ・福知山で一番被害が大きかったところへ視察に行ったが，とんでもない高さのところに水の形跡が残っていたのを見て，大変驚いたのを覚えている。 ・２年連続で水害にあったことについて話し合いをもった内容で，いかに早期に難を逃れるか，自助共助が大切であること，垂直避難が多かった（特に真夜中のことのため）が，大変条件が悪かったところ。 ・グループでお話をしたときに，水がついてきたときにまずは自分の身を守って安全が確かになってから自分の地域に戻ったとお話しされていました。
＜佐用町＞ ・佐用川を見学しながら発生時の状況を説明してくださったこと。大木やいろんなものが流されたり，建物のどのあたりまで水位が上がったかなど想像するだけで怖くなった。 ・山からの突発的な水がいかに恐ろしいかということが話を聞いてよく理解できた。 ・流木が川にたまって水があふれたこと。水位がここまで来ましたというラインを見て，水の恐ろしさを感じました。 ・台風・水害の被害にあわれた佐用町の民生委員が，宇治市で体験談をきき，大変なご苦労をされたことに感動し，もし自分の地域で被害が発生したらと思い，現地に出向き，民生委員の説明を受け，あらためて地域の人のために民生委員として何ができるのかを考えた。佐用町の民生委員の説明で，あまりにも急激な水量で何も地域のためにできなかったことを悔やんでおられた。日頃からの予備知識が重要と感じた。 ・佐用川が氾濫し，20人近くの死者や行方不明者が出た。そして1700戸以上の家屋の損壊や，河川・道路・上下水道，医療機関などの生活基盤に大きな被害をもたらした。 ・関係者の代表により災害復興計画を立て，それに基づく行動をしていたこと。実態分析を細部までやっていたこと。 ・災害に強いまちづくりとコミュニケーションにも積極的に力を注いでいること。 ・第一声の「まさかこの穏やかな河川が」という言葉が，もっともインパクトが強かった。「民生委員として何もできなかった」とおっしゃったのが……。実際は自治会を中心に救助委員をされたのですが……。日頃から防災意識を持つ重要性を感じました。 ・防災の必要性など，理論的には理解していたつもりでしたが，体が動かなかったと残念がっておられた（まさかの備え）。 ・佐用町の水害内容を見学し説明をしてもらい，水の力の恐ろしさを痛感した。つい最近も各地で川があふれ，家の浸水，農業への被害があちこちで発生している。現地を見ることの大切さを佐用町に行って再認識できた。川に流れ出た木材やごみが橋に引っかかり，ダムのようになったと

いうお話は，今でも忘れられません。用町に行って再認識できた。川に流れ出た木材やごみが橋に引っかかり，ダムのようになったというお話は，今でも忘れられません。
・川沿いの家は大変だと思った。また，結構幅広い川が氾濫し，橋げたに一杯材木が引っかかり，家屋のかなり高いところまで水がついたことについて説明されたことを覚えています。
・予想以上の記録的集中豪雨による増水で，結果的に避難が遅れた。家屋が広範囲にわたり，連絡をとるのも難しかっただけでなく，避難勧告の遅れもあった。また，夜間の避難行動は危険であることがもっとも印象に残った。
・避難所へ向かう途中で川の水があふれ，たくさんの人が亡くなられたこと。民生委員の人たちも避難所にいたため，思うように動けなかったと，無念さを話されていたこと。
・災害発生時には，まず自分自身の身の安全を確保して，その後，近隣の安否確認という順番になる。民生委員としてできることは限られて，予報の段階での避難がまずは大切とのことを改めて再確認することができた。

有用であることがわかった。

ところでこのように現地を訪れることで頭の中に印象は残るが，頭ではわかっていても，行動に移せないことが防災での課題となっている。図１-16のアンケート結果は，民生委員の行動面の変化の振り返りに関する事項である。

対象者は50歳以上のシニアの世代であるため，行動面の変化については「身近にできることから」始めている印象があるが，それでも被災地へボランティアに行くようにしたり，日々の生活の中で防災を意識することができるようになっている。

4　地域の防災力を高めるために

被災地に比べて未災地は防災意識が低い。北小倉地区は，天ヶ瀬ダム完成後は大きな水害に見舞われていない地域である。一方で前述の通り，内水氾濫の危険性をもっている。被災地の教訓を広げていく方策が求められるところであろう。そのために大学と地域が連携を取り合う必要性がある。連携としては，大学が自治体のハブとなり，それぞれ独立した中小の自治体との連携を模索することも，将来的には必要であろう。

2020年時点の状況も加筆しておきたい。2020年春に新型コロナウイルス感染

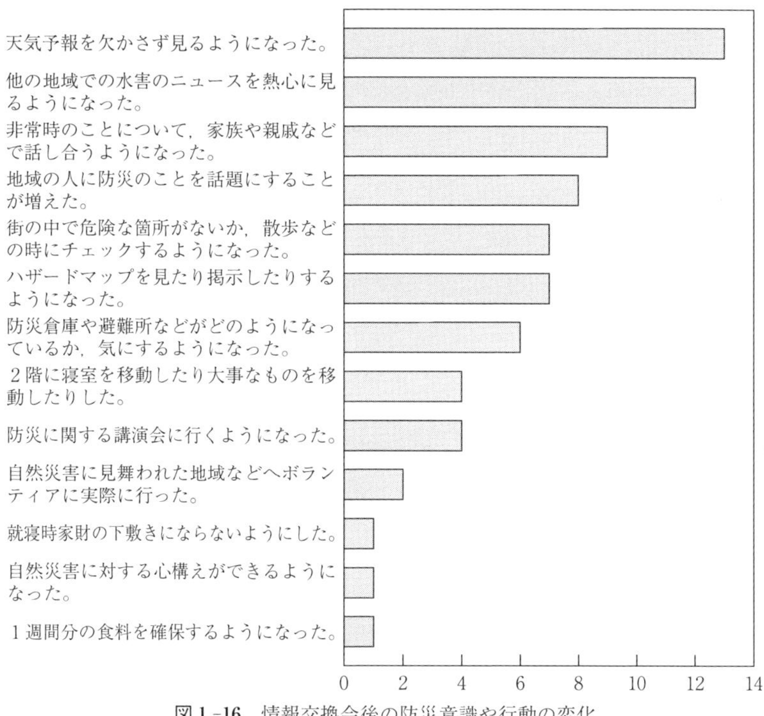

図１-16　情報交換会後の防災意識や行動の変化

（注）「質問４　現地を訪れた後で，あなたの防災意識や行動で変化したことはありますか」に対する選択式の回答結果。

症が拡大した。３密を避ける新しい生活様式は，避難所運営にも必要になってきている。すでにいくつかの自治体で防災訓練も実施され，避難所開設のシミュレーションも行われている。その中で口々に関係者の間でささやかれていることであるが，収容人口の観点からも公助の限界が見えてきており，避難所＝学校（公共施設）の固定観念や発想自体を変えなければならなくなってきている。地域の防災力を高めるために大学がすべきことは，今後も絶えず変化し増えていくことと思われる。

参考文献

大阪市立大学都市防災教育研究センター他編『コミュニティ防災の基本と実践』大阪

公立大学共同出版会，2018年。
佐用町民生委員児童委員連絡協議会「平成21年8月大水害を忘れないために――民生委員児童委員の活動記録」2009年。
佐用町役場 HP　http://www.town.sayo.lg.jp/cms-sypher/www/info/detail.jsp?id=744（2020年8月1日参照）
防災白書（平成30年度版，令和元年度版）内閣府。
室﨑益輝・冨永良喜・兵庫県立大学大学院減災復興政策研究科編『災害に立ち向かう人づくり――減災社会構築と被災地復興の礎』ミネルヴァ書房，2018年。

コラム２

南陵町自治会での防災の取り組み

根本昌郎
（南陵町自治会防災防犯委員会委員長）

宇治市南陵町は1970年代に宅地造成された地域で，現在，高齢者の比率が50％を超えている。2005年に宇治市役所から市内全域の町内会（自治会）に防災マニュアルの作成と防災組織の結成要請があり，南陵町においても2007年８月に自主防災組織を立ち上げた。現在，自治会役員を中心に役割分担を決めながら毎年11月に防災訓練を実施している。また，町内自治会誌を年４～５回発行し，防災・防犯に関する情報をタイムリーに掲載し，地震や風水害等に関する減災対策を呼びかけている。

しかし，それが地域住民にうまく浸透しているかどうか，災害に対する備えができているかどうか，日々心配している。災害時，避難所に指定されている近隣の小学校は避難者で一杯になることが予想される。町内の大きな公園に緊急一時避難所を開設して，高齢者や要援護者がスムーズに誘導できるかどうか不安を感じている。先日，市危機管理室から災害時安否確認ボードが配布された。このボードを利用することで町内のネットワーク体制が充実し，安否確認と無事に避難できたかどうかの情報整理などに有効な手段となると思うが，今まで以上に自助，近助の付き合いが大事になると考える。

めまぐるしく変化する災害の情報を共有し対策をとるため，市防災訓練や各種研修会などに積極的に参加している。2019年には京都文教大学の学生と一緒に，マイ防災マップを作成した。自治会メンバーと学生が，町内を一緒に巡回しながら，問題のある箇所を地図に書き込んだ。若い人の目線で町を観察し，高齢者には歩きにくい凹凸のあるコンクリートタイルの歩道や，地震で崩れる危険性が高い古い看板や大谷石のブロック塀，石積などの危険箇所を地図にまとめる作業は，今後の対応改善に大いに役立った。

東日本大震災以降，ボランティア活動など，大学の地域へのアプローチがより強くなってきたと思う。今後は大学でより専門的な人材育成のために，自然災害を取り扱う学科などを増設し，現場学習を実践しながら地域の諸課題をていねいに示唆することが大事になるだろう。また，そのような人材を輩出して社会に送り出していただくことを願っている。

第2章
災害復興ボランティアと大学教育

1　宗教情操を育て社会に活かす建学の理念
――東日本大震災と「ともいき」――

京都文教大学は1996年に創設された新しい大学だが，その母体となる京都文教学園（当時は家政学園）は1904年に創立された歴史のある学園で，その創設者は浄土宗の僧侶である獅子谷佛定（ししがたにぶつじょう）であった。彼は九州を旅行中，渡し船に乗る順番を待っていた。すると，若い女性が順番を無視して舟に乗り込む姿を見て，女子の教育の重要性を感じ，学園の創立を思い立ったという。よって，本学園は宗門師弟養成を目的とする学校ではなかったが，その根幹には仏教精神に基づく人格形成，すなわち宗教情操教育が据えられている。

こうして創立された本学園は，中学校・高等学校の創立を核に，1953年には幼稚園，1960年には短期大学，1982年には小学校，そして最後発として1996年に大学を設置したので，2020現在では幼稚園から大学院までを擁する総合学園として展開しているが，各設置校の底流をなすのが宗教情操教育であるのは当然である。

話を大学教育に戻そう。本学では宗教情操を涵養するために，正課の授業としてブッダと法然の思想と生涯を学ぶ科目が１年次に必修として置かれている。また正課外活動（以下，課外活動）として，年に一度，夏休みの終わり頃にセミナーを開催し，宗教情操の涵養に努めてきた。

本学は浄土宗の宗門関係学校であるから，浄土宗の宗祖法然の誕生の地に建てられた岡山県の誕生寺を参拝したり，その近くにある那岐山（なぎさん）研修センターに宿泊し，２泊３日で人生を振り返ったり，生きることの意味を考えるセミナーを実施してきた。浄土宗僧侶である筆者は，宗教情操教育担当者として入職したので，この正課の授業と課外活動の実践に大学開学以来ずっとかかわってきた。

しかし，課外活動ということもあって，参加者は年々減少し，ある時点で見直しを余儀なくされた。そして，頭であれこれ考えるよりは体をフルに使った活動に切り替えることを決断し，四国八十八カ所のお遍路を歩くことを企画した。といっても２泊３日という限られた時間ゆえに，その中の約50km 程度を歩くだけであったが，参加する学生は増えた。愚直にひたすら歩くので，これを「還愚セミナー」と称し，しばらくはこのかたちでセミナーを実施してきた。そして，2011年４月１日を迎えることになる。

例年，年度初日の４月１日は，入学式の後に教職員会を実施し，新任の教職員の紹介や，学長による当年度の所信表明がなされることになっているが，この日の教職員会は最初から重々しい空気の中で始まった。というのも，その３週間前には未曾有の東日本大震災が起こり，４月１日時点では救済活動が真っただ中の時期であったからだ。

当然，教職員会でもこの震災が話題に上る。大学として何をすべきか。募金を募る話も当然出たし，それを実施する方向で話がまとまったが，その直後，ある教員が手を上げ，怒気を含んだ声で発言した。「募金を募るだけでいいんですか！」。

筆者も「大学としては最低限，募金を募ることで義務を果たせるだろう」と思っていただけに，この教員の発言にはハッとさせられた。筆者の中で何かが覚醒したのを今でも覚えている。というのも，本学の建学の理念は，大乗仏教で重視される菩薩の「四弘誓願（しぐぜいがん）」だったからである。四弘誓願とは，どの菩薩（ブッダの生き方を模範として覚りをめざす人）も共通して立てるべき４つの誓いのことで，その内容は以下の通りである。

①衆生無辺誓願度：衆生は無辺なれども，誓って度せんことを願う

→　生きとし生けるものを一人残らず救い取る

②煩悩無辺誓願断：煩悩は無辺なれども，誓って断ぜんことを願う

→　心の汚れを一つ残らず断滅させる

③法門無尽誓願学：法門は無尽なれども，誓って学せんことを願う

→　覚りに至る道を一つ残らず学び取る

④仏道無上誓願証：仏道は無上なれども，誓って証せんことを願う

→　この上ない覚りへの道を必ず証得する

①は利他（他者を幸せにすること），②〜④は自利（自らの幸せ＝利他を実現するための自己研鑽）を内容とするが，これは二つ別個のものではなく，自利即利他，すなわち「私の幸せは他者を幸せにすることである」と，両者が不可分の関係にあるところが重要だ。つまり「自己」と「他者」とが「ともに生かし合うこと／ともに生き生きすること／ともに幸せになること」を意味するので，学内では建学の理念「四弘誓願」は「ともいき」という言葉で親しまれている。

このような崇高な思想を建学の理念とする大学に身をおきながら，そして浄土宗の僧侶でもある筆者が，募金だけで事を済まそうとしていたことを恥ずかしく思い，従来行ってきた還愚セミナーを「震災ボランティア活動」に切り替えようと決心した。まさに困っている人がいれば，そこに分け入って活動し，他者の幸せに貢献することこそが自己の幸せであると，誰よりも先に感じなければならない立場にあったのに……。

ともかく，これを実行に移すには，まず何より資金が必要であった。これについては，大学の創立15周年記念事業に充てられていた資金と教育後援会の資金の一部が震災ボランティア活動費に充てられることが早々と決まり，３つの震災支援ボランティアが組織された。学生課の課員が事前に周到な情報収集と現地調査を行い，それを踏まえて学内で説明会を実施すると，大勢の学生が詰めかけ，最終的には「還愚セミナー」を含め，３つのボランティア活動に計37人の学生が参加を表明してくれた。

では，年度ごとにその内容を表2－1にまとめておく。2011年度には3班，2012年度は2班，2013年度は再び3班に分かれて活動したが，2014年度より還愚セミナーに一本化して活動を実施した。

表2－1　活動概要

年度	活動名	期　間	地　域	内容・参加者など
2011年度	①還愚セミナー	9/13～17	宮城県仙台市付近	浄土宗被災寺院の復興支援・仮設住宅でのサロン活動 学生6名，教職員6名
	②福島県相馬市支援活動	8/28～9/2	福島県相馬市	NPO 法人「フー太郎の森基金」の活動に協力し，相馬市内での在宅避難支援 学生14名，教職員5名
	③いわて GINGA-NET プロジェクト（図2－1）	9/7～13	岩手県大槌町・大船渡市・釜石市・陸前高田市・住田町ほか	NPO 法人「フー太郎の森基金」の活動に協力し，相馬市内での在宅避難支援 学生17名，教職員3名
2012年度	①還愚セミナー	9/10～14	宮城県仙台市・名取市・岩沼市	浄土宗被災寺院の復興支援・仮設住宅でのサロン活動 学生14名，教職員7名
	②福島県相馬市支援活動	9/2～7	福島県相馬市	相馬市内での在宅避難支援・いちご園植え付け・浜辺の清掃と遊歩道の清掃活動 学生：16名，教職員5名
2013年度	①還愚セミナー	9/8～12	宮城県仙台市	浄土宗被災寺院の復興支援・仮設住宅でのサロン活動 学生10名，教職員7名
	②福島県相馬市支援活動	8/28～9/2	福島県相馬市・南相馬市	いちご園での援農・お花プロジェクト（図2－2） 学生15名，教職員6名
	③今こそボラボラ in 石巻	9/2～7	宮城県石巻市・南三陸町	避難所運営体験ゲーム・海岸や住宅の清掃 学生20名，教職員2名
2014年度	還愚セミナー*（図2－3）	8/31～9/5	宮城県仙台市ほか・福島県相馬市ほか	浄土宗被災寺院の復興支援・いちご園での援農 学生11名，教職員9名
2015年度	還愚セミナー	8/31～9/6	宮城県仙台市ほか・福島県相馬	浄土宗被災寺院の復興支援（図2－4）・いちご園での援農

			市ほか	学生11名，教職員9名
2016年度	還愚セミナー	8/29～9/2	熊本県益城町（熊本地震の発生により，益城町で活動）	被災寺院清掃活動・仮設住宅でのサロン活動など 学生17名，教職員8名
2017年度	還愚セミナー	9/10～14	福岡県朝倉市（九州北部豪雨の発生により，朝倉市で活動）	被災家屋の復興支援（図2－5） 学生10名，教職員5名
2018年度	還愚セミナー	8/22～24	岡山県総社市（西日本豪雨災害復興支援のため，朝倉市で活動）	支援物資フリーマーケット支援・被災家屋の復興支援 学生10名，教職員5名
2019年度	還愚セミナー**	8/19～22	愛媛県和島市（西日本豪雨災害復興支援のため，宇和島市で活動）	被災したみかん農園の復興支援 学生5名，教職員4名

（注）＊　2014年度より従来の「還愚セミナー」と「福島県相馬市支援活動」を合体し，「還愚セミナーに一本化」。
＊＊　本章では過去の報告書より学生の意見を引用するが，現段階で2019年度の報告書はまだできあがっていないので，2019年度の報告書からの引用はないことを断っておく。

図2－1　2011年度報告書の表紙

図2－2　お花プロジェクトで活動する学生

図２－３　2014年度報告書の表紙

図２－４　寺院の墓地で活動する学生

図２－５　被災家屋に向かう学生

では以上の記述を踏まえ，「還愚セミナー」の大学教育としての可能性を考えてみたいが，その前提として，まずは社会の進む方向について考察しておく必要があろう。筆者は戦後の昭和30年代の生まれだが，両親は戦前生まれであり，一世代違うだけで，同じ昭和生まれでも価値観が大きく異なる。物がない時代に苦労してきた親の世代は，戦後の高度成長期に生を受けた我々に対して思うところがあったようで，「今時の若い奴らは」と口ぐせのようによく聞かされたものだ。しかし，その我々が今の大学生を見て，「今時の若い奴らは」を思わず口にしていることがある。おそらく今の大学生が60代になれば，同じことを若者世代に向かって口にするだろう。しかしこれはどういうことだろうか。

よく考えれば，これは不思議なことでも何でもない。最近の科学技術の進歩はめざましいものがあるが，とくに明治以降，西洋の文化を取り入れる方向に舵を切った日本は，西洋に追いつけ追い越せで科学技術を進歩させてきた。そしてその背景にあるのが，我々人間の「欲」である。人間はより快適な生活，より便利な生活を求め，それを満足させる製品を開発すべく，科学技術を進歩させる。

その人間の欲を満足させる度合いが大きければ，その製品はヒットし，人々はその製品を手に入れて，満足感に浸る。さて問題はここからだ。では人間はその後，ずっと満足感を抱くかというと，そうではない。人間は良くも悪くも「慣れる」という性質を持ち合わせている。つまり，便利な製品も長年使っていると，それが「当たり前」になり，もはや満足感を抱かなくなるのである。そこではまた人間は新たな満足感を得るために，新たな製品を求め，それに応えるために，新たな科学技術が進歩する。後は説明するまでもなく，歴史はこれを際限なく繰り返していく。便利さを自ら獲得した世代と，その便利さが当たり前の世に生まれてきた世代で，価値観が異なるのは言うまでもない。つまり「今時の若い奴らは」は人間が存続するかぎり，未来永劫繰り返されることになるだろう。

こうして社会は便利さや快適さを追求する方向に進んでいくのだが，近年とくにその方向性には顕著な特徴が見られる。それは「身体性の欠如」である。IT 革命以降，コンピュータの驚異的な発達により，バーチャルがリアルを浸食しつつある。パソコンやスマートフォンさえあれば調べ物ができ，ショッピングができ，遠隔地同士で会議だって可能になる。その際の身体の動きは最小限度に抑えられる。

このような身体性の変化を理解するには，解剖学者である養老孟司（1989）の唯脳論が参考になる。詳細は省略するが，これを要約すれば，「社会が進むということは“脳化”が進むということであり，脳化が進めば身体性が欠如する方向に社会は進む」ということになる。

2　身体性をはぐくむ体験学習の重要性

一方，我々人間は霊的な存在ではなく，身体（肉体）を有する物理的な存在であることをけっして忘れてはならない。人間が他の動物と違うのはその精神活動（心）ゆえであるが，だからといって，身体を疎かにしてよいというわけではない。

近年，大学だけでなく，小学校からの体験学習の重要性が叫ばれているが，その背景には，すでに指摘した社会の方向性が影響していると筆者は考えている。バーチャルな方向に進行する社会，身体性が欠如する社会に対するアンティテーゼとして，身体を使った教育は，本来の人間性を取り戻す教育でもある。

仏教では人間の感覚器官を６種に分類した。眼（視覚）・耳（聴覚）・鼻（嗅覚）・舌（味覚）・身（触覚）・意の６つである。最後の「意」は前の５つの感覚を統合する意識と考えておく。何かを人間の心に深く印象づけるには，これらの感覚器官をなるべく多く駆使するのがよい。しかも間接的に知覚するよりは直接知覚するほうがインパクトは強いのは当然だ。

一般的に学習で使われるのは視覚と聴覚だが，それ単独であっても，間接知覚よりは直接知覚のほうがよい。というわけで，テレビニュースの情報よりは現地で直接見聞したほうが強い刺激となる。また現地に出向くと，視覚と聴覚以外の感覚も刺激を受ける。その一端を，セミナーを通じて災害ボランティアに参加した学生の報告書の中から拾ってみよう（表２－２）。現地に足を運ばなければ絶対に感じられない「感想」や「気付き」ばかりである（なお学生の感想の引用に関しては，文体の整合性を保つため，句読点など，文意を損なわない程度の軽微な修正を加えていることを断っておく）。

表２－２　参加学生の感想（その１）

参加年度	活動内容	感　想
2011年	東日本大震災支援	・足元の砂の中に何個も見える小さな白っぽい粒がただの塵ではなく，遺骨かもしれない……。そう思えてしまい，嫌悪感や罪悪感などの混ざった，よくわからない感情がこみ上げてきた。（大学１年生・男子） ・私は，初めて自分の目で見る光景に驚きを隠せませんでした。そして印象的だったのは匂いです。陸の道を歩いているはずなのに，はっきりと海の匂いがして，それがこの場所に津波が来ていたことを物語っていました。テレビでは被災地の一部分しか報道されていないことを実感し，テレビで放送されていても実際に自分の目で見て，肌で感じて，肌で触れて，匂いを感じなければわからないことは多いのだと思いました。（大学２年生・女子） ・〔仮設住宅での〕茶話会が終わり，「死んでいた方がよかったのかも……」とおっしゃっていた方と最後に握手をした。力強くてとても暖かかった。（大学３年生・女子）

2012年	東日本大震災支援	・作業をしていく中で，〔震災がなければ〕今もなお生活に使っていたであろう食器や家具などが出てきたりしてとても悲しい気持ちになりました。一番ショックだったのは，土に埋もれた瓦礫の中から人骨の一部が出てきたことでした。1年半たった今でも，こういった骨がでてくるということは予想していなかったので，かなり驚きました。このように，亡くなった方の中でも発見されないままの人がいることがとても悲しかったです。（大学2回生・男子） ・歩いていると五感で感じとることができるので，今までとはまた違った学びができたように思います。足の裏から感じ取れる，異様なまでのアスファルトのでこぼこ感や，あるはずのない浜辺の砂の山，見えないけれどもかすかに香る海のにおい。（大学3年生・女子） ・海が見えない道路を歩いていても，砂浜や海沿いに生えていたはずの松ぼっくりがそこら中で見られ，津波がどれだけの威力を持ち，広範囲に及んだのかを知った。（大学1年生・女子）
2013年	東日本大震災支援	・私は本堂の清掃を行っていた。畳は何度拭いても染み込んだ汚れがうきあがり，津波が押しよせてきたという事実を再認識させられた。（大学4年生・女子） ・畳を何度拭いても内側から砂がでてきて，まだ津波の痕跡が残されているのを感じました。（大学4年生・女子） ・歩いていると，普通のコンクリートではしない「ジャリジャリ」とした音がきこえてきた。ここまで津波が来たんだなということが分かった。（大学3年生・女子） ・窓を拭いていたのですが，砂がどんどん出てきてなかなか綺麗になりませんでした。窓の上にまで砂がぎっしりつまっていて，私の想像していた津波より大きな津波だったことがありありと分かりました。（大学3年生・女子） ・本堂の窓拭きをしているとき，サッシに沢山の砂が留まっていた。この砂は津波で運ばれてきた砂なのだと思うと，恐ろしくなった。（大学院1年生・女子）
2014年	東日本大震災支援	・本来，墓地にあるはずのない，焼けた新聞紙のかけら，ぐにゃりと曲がったハンガー，錆びきった工具，煙草の吸殻，地面の土からはビニール袋，錆びたコーヒーの空き缶などが顔を出していた。これらすべてが津波がさらってきたものなのか。（短大1年生・女子）
2016年	熊本地震復興支援	・一番衝撃的だったのは，神社の断層だ。以前がどんな神社だったのか分からない程の状態になっていた。木の葉の音も大きく聞こえてきて，この神社と益城町を大切にしてきた人たちの思いを考えていたら，町の人たちの悲しさと自然の怖さ凄さを感じ，なぜか涙がでそうになった。（短大1回生・女子） ・〔現地の被災者と協働作業した学生の感想〕ここで私が思ったことは，「お互いの事を知らなくても心を開きにくくても，一緒に何か活動をすることで心が開きやすくなるのではないか」ということだった。ボランティアだからといって，こちら側が一方的に作業するのではなく，現地の人と交流し一緒にやることに意味があるということは新たな気付きだった。（大学

		3年生・男子)
2017年	九州北部豪雨復興支援	・作業は大きく２つの場所で行った。１つは被災された民家の玄関横に溜まった泥をかき出した。そこで改めて泥の重さを身体で感じた。(大学３年生・女子) ・家の中にある道具を運び出す班と泥だしにわかれた。私は，道具を運び出す班になった。いざ被災した家に入ると，とてつもないにおいに覆われていた。この中でボランティアをしなければならないと考えるとその場から逃げ出したくなるような考えになってしまう自分がいた。(大学３年生・男子)
2018年	西日本(７月)豪雨復興支援	・実際に被災した場所に立って被災者の話を聞いたことや，被災地の泥を踏むことや匂いを嗅ぐことで，被災者の悲しみにはほど遠いけれども，悲しみや苦しさが少し分かることができたように感じました。(大学２年生・男子)

どうだろうか。表２-２の感想や気付きは，ソファに座って震災や被災のテレビニュースを見たり，新聞を読んでいるだけでは絶対に得られないものである。水分を含んだ泥の重さ，浸水した後に長期間放置された家の中の匂い……。学生たちは五感をフル稼働させて被害の凄さを追体験した。被災された方には不謹慎な言い方ではあるがこれほどの教育効果は視聴覚教材をいくら駆使しても得られるものではない。また，人間には「想像力」という，他の動物にはない素晴らしい力が備わっているが，しかしその想像力の源泉となるのもまた直接知覚なのである。

さて，教育における身体の重要性については，ゴリラの研究で有名な霊長類学者の山極寿一氏は，言葉による人間のコミュニケーションは脳同士のつながりでしかなく，身体から遊離してしまったとし，言葉に依存しすぎるコミュニケーションに警鐘を鳴らす。そして身体性が欠如すると，互いへの信頼感が担保できなくなるので，山極氏は「身体の同調」の必要性を強調する。「身体の同調」とは，誰かと一緒に同じ物を見，聞き，食べ，共同で作業をするといった，五感を使った身体的な共感や，同じ経験を共有することであり，これによって，言葉のやりとりだけでは到底得られない強い信頼関係を互いの間に築くことができるという。

この身体性の回復が教育にも求められると山極氏は言う。人々と共に何かを体験することが生きた知識を積むためには必要であり，インターネット検索で得られる知識と，実際に自分で体験して得られる知識には，応用力において非常に大きな差があると指摘した上で，野外での学習や異文化体験といった予想外のことが起きうる環境や，演劇など自分たちで創作できる場，身体で考えるきっかけを得られる場が教育には必要だと結んでいる（「作者・筆者インタビュー／山極寿一（人類学者・霊長類学者）『作られた物語』を超えて：Story3，Story4」より）。

話を戻すと，京都文教大学が開学以来重要視してきた現場主義教育は，すぐれた教育効果を発揮する可能性を持っているし，課外活動ではあるが，還愚セミナーでの活動も，参加学生からの感想に見られるように，重要な経験知を得る場として機能していると言えよう。

3　「現場（被災地／被災者）」の持つ力

体験学習については，また別の角度からも考えてみたい。体験学習が効果を持つ要因は，それを体験する「場」がきわめて重要になってくる。たとえば，車の免許を取得するために，実際の車の運転を体験する場面を考えてみよう。簡単に言えば，教習場内での道路を運転するのと，仮免許を得て実際の道路を運転する場合では，同じ体験でも雲泥の差があることだ。実際の道路（現場）では何が起こるか分からないので，その場その場で臨機応変な対応や判断が求められる。よって，身体と精神はフル稼働するため，教育効果は絶大である。

また被災地には，実際に災害を経験した被災者がいる。被災者は災害によって日常の当たり前の生活を強制的に奪い取られた人々である。そのこと自体は悲惨であり，苦悩に満ちた体験ではあるが，別の角度から見れば，被災者は，強制的あるいは他律的ではあるにせよ，災害ですべて（あるいは，多くのもの）を失うことにより，人間のエゴや自我といった不純物がそぎ落とされた人々でもある。仏教的に言えば，被災者は覚りにも似た境地に達している。ボランティア活動に従事した人が，ボランティアを通じて，かえって被災者の人々に励まされ，勇気や元気をもらったという話はよく聞くが，それはまさに被災者が，ある意味で理想的な人間（あるいは，人間本来）として我々の前に立ち現れているからではないか。

そのような現場や被災者との接触が，学生たちにさまざまな気付きを促さないわけがない。ではまた，災害ボランティアの参加学生の感想から紹介しよう（表2－3）。

表2－3　参加学生の感想（その2）

参加年度	活動内容	感　想
2011年	東日本大震災支援	①被災者でもなく，経験したこともなく，震災から半年も何も行動していなかった私に，たくさん感謝してくださり，本当に辛いのは被災した方々なのに，「ありがとう」をたくさんいただきました。（大学3年生・女子） ②〔現地の住職から話を聞いての感想〕ある家族では，母親と子が死に，父が残されるということがあったそうだ。その父は，住職に棺をもう一つ用意してくれと言った。住職がどうしてかと聞き返すと，父親は，妻の中にはもう一つの命が宿っており，その子の分の葬儀もしてほしいと説明した。住職が承諾した途端父親は泣き崩れた。（中略）妻の死，子の死，これから生まれてくるはずだった赤ちゃんの死，そしてこれから生涯続くであろう自分自身が向かい合わなければいけない孤独，私がもし同じ立場だったらと考えるだけでも辛い状況である。しかし，その父は葬儀をしっかりと執り行うことで現実を受け入れた。私はそこに不謹慎ではあるが，どのような絶望の底からでも這い上がる人の強さを深く感じた。（大学1年生・男子）
2012年	東日本大震災支援	①〔過去帳復元のため，墓石から戒名の書き写し作業をしていた学生の感想・昨年に続き2回目の参加〕私の中で最も印象的だったことは，墓地の戒名を写す作業で，「平成23年3月11日…」の文字が墓石に彫られていたことでした。この文字は1年前，震災から半年のころには見受けられなかった文字であり，胸が締め付けられる思いでした。しかし，この真新しい文字は震災で亡くなった方を弔っている方がおられるということでもあり，また，復興が進んでいること，遺族の方の前進でもあるとあるのではないかと考えました。（大学4年生・女子） ②1日目の終わりの夜に感じたことは，周りが真っ暗でとても静かだったということでした。夜が静かなことに違和感を覚えることはありませんでした。しかし，ここが被災地であるということと，震災の恐ろしさを肌で感じている人々が住んでいるということを意識すると，この夜の沈黙と暗闇が恐ろしくもあり，悲しくもありました。（大学2年生・男子）

2013年	東日本大震災支援	①まず１日目に津波の被害を受けた沿岸部を約20km 歩いたのですが，その中で最初に思ったのは，空が青くて綺麗だなということでした。はじめはその思いを抱いたことに不思議でなりませんでした。しかし歩いているうちにそう思った理由が分かりました。津波で家などが流され，場所が開けていたから，そしてその場所に雑草が生い茂っていて，その雑草の緑が空の青さを強調しているからでした。（大学２年生・女子）
2014年	東日本大震災支援	①また住職が「バスと巡礼，大変だったでしょう」と，我々を思いやってくださった。彼らのほうがずっとつらい立場なのに，他者に配慮し，いたわる姿勢に，申し訳なくなった。震災直後の様子も教えてくださったが，何も経験していない自分には話していただいたことに感謝を述べることしかできなかった。（大学３年生・女子）
2015年	東日本大震災支援	①専光寺さんで清掃活動をしているとき，お墓参りにいらっしゃったおばあさんがいた。一生懸命墓前で手を合わせているおばあさんの前には，何もない空間が広がっていた。（中略）おばあさんは見つからない墓石の，そのもともとあったその空間に通って手を合わせていたのだと思うと言葉にならなかった。（大学３年生・女子）
2016年	熊本地震復興支援	①活動最終日の１日に，サロン活動を終えて写真を撮った際に益城町に住む男性が私の両手を握ってくれた。「この町はこれからどんどん元気になるから，貴方が結婚して，子供を産んで，５年，10年後にまた来てほしい」と男性は笑顔で言ってくれた。男性にとっては学生の１人に何気なく言った言葉かもしれない。それでも私は自分たちの活動を喜んでいただけた上で「また来てね」と言ってもらえたことが心の底から嬉しくて涙が出た。（大学３年生・女子） ②周囲が崩れた建物は壊れ，ほとんどの人が住めなくなったような場所に，その生活感あふれたトイレは異様に感じられた。非現実としか思えないような風景の中に確実な生活の風景が見えたのである。（大学２回生・男子）
2017年	九州北部豪雨復興支援	①活動１日目と３日目は違う活動場所に行った。家の床下の泥をかき出す作業で，床板を剝がすところから始まった。床以外のところは傷つけないようにするのに気をつけて作業をした。これからもその家で住んでいく人もいる。そういうことも考えると，ただ泥をかき出せばいいというわけでもなく，その家の思い出や人の気持ちを考えて作業しなくてはいけないと感じた。（大学２年生・男子）
2018年	西日本（７月）豪雨復興支援	①〔フリーマーケットでのやりとり〕ボランティアに参加して一番よかったと思える出来事がある。ある女性が「大きめのズボンをさがしているのだけれど，一緒に探してくれない？」と言ってきた。私は一緒に見て，これはどうですか，こっちのものはどうですかと探した。それから女性が探していたズボンが見つかり，とても喜んでいらっしゃった。私はそれだけでも自分が役に立てたことが嬉しかったのだが，その女性が「ありがとう。頼んでよかったわ」とおっしゃって，その一言が私にとってはとても嬉しく感じるものだった。それまで現地の人にどう接したらよいのか分からなかったが，その一言にとても励まされ自信がつき，積極的に現地の人に話しかけられるようになった。（大学１年生・女子）

このうち，2011年参加学生①②，2014年参加学生①，2015年参加学生①，そして2016年参加学生①などの感想をみると，「弱さ」はたんに弱いだけでなく，弱さゆえの不思議な「力」を持つことが分かる。鷲田（2001）を手がかりに，この問題を考えてみよう。鷲田氏は『えんとこ』（伊勢真一監督）という映画を引用し，次のように述べる。

「えんとこ」とは，元養護学校教師の「遠藤さんとこ」であり，そして縁のある所という意味だ。

仮死状態で生まれた遠藤さんは，障害者として五十年余りを送り，この十年ほどは障害がすすみ，教師をやめて寝たきりの生活を続けている。食事も排泄も移動もひとりではできない。その遠藤さんを延べ千人以上の若者たちが二十四時間三交替で，つきっきりで介助してきた。近くの女子高生から河原でテント生活をしているロック・ミュージシャン，中国人留学生まで。その彼らが，食べ物を細かく砕いて少しずつ遠藤さんの口に運び，掃除をし，間に遠藤さんの枕元でじぶんの大事な楽器をみがき，悩み事などをぽつりぽつりと話している姿を見ていると，遠藤さんのコチコチのからだの横で，逆に彼らのほうがその存在をほぐされているのだなとおもう。

いまにも倒れかけているひとがいると，それを眼にしたひとは思わず手を差しだしている。そういうふうに「弱さ」はそれを前にしたひとの関心を引きだす。弱さが，脆さが，傷つきやすさが，他者の力を吸い込むブラックホールのようなものとしてある。他人の関心をほしがっている寂しい若者が，他人への関心に目覚めさせられる。じぶんの脆さにさらされているひとがひとりでその脆さを抱え込めないひとを前にしてかすかな力を内に感じる。ここに力をもらうという経験があった。

介助とは，「お互いにそのいのちを生かしあう，そういう関係を創りあげてゆくための窓口」だと，遠藤さんは書いている。そんな遠藤さんだから，「ひとに迷惑をかけることは，とてもいいことだ」と言える（鷲田，2001，176-180頁）。

このように，鷲田氏は「弱さ」の持つ「力」に注目する。つまり弱さには，強がり，虚勢を張って生きている人々の心身を“ほぐす力”があるという。被災者は，自ら望んだわけではないが，自然の猛威・脅威によって弱さを露呈する立場に置かれたことになるが，それは仏教的な視点から見れば，先ほど指摘したように，人間のエゴや自我といった不純物がこそぎ落とされ，覚りにも似た境地に達している。これを「弱さを受け入れた強さ」を持っていると表現してもよい。このような被災者との接触が人々に影響しないわけがない。だからボランティア活動を通じて，学生は被災者から励まされ，勇気をもらうのである（同様の視点から書かれたものとして，鷲田〔2000〕，松岡〔1995〕）。

キャンパスを出て実社会に触れ，地域の人々とふれあうことが学生の大きな学びにつながることは明らかだが，それにも増して，災害の被災地で被災者と交流することに，さらに大きな学びがあるのはこういう理由であると私は考える。

4　いかに自己を認識するか
——愚かさを自覚する「還愚セミナー」——

さらにこのような活動で象徴的なのは，学生がボランティアを通じて，被災者の人々から「ありがとう」と言われる体験，あるいは喜ばれる体験を報告書で感慨深く記していることだ。人間にとってもっとも重要なことは「自己存在の確認」である。自分という存在，あるいは存在意義が確認できれば，少々つらくても人間は生きていける。逆に物質的には満たされていても，自分の存在意義が確認できなければ，人間は人生そのものに疑問や不安を感じる。マザー・テレサが「愛の反対は無関心である」といったように，自分の存在が誰の関心も引かなくなったとき，生きることはきわめてつらいに違いない。

自己はたしかに存在するが，それは自己のみでは認識しえない。筆者は授業で「私とは何者か，自分で自分の存在を定義してみよう」と問いかけている。これに対しては学生の数だけさまざまな答えが存在する。「私は男である」「私は日本人である」「私は京都文教大学の学生である」「私は京都出身である」

「私は時間にルーズである」などなど。たくさん答えがでた後に，さらにこう質問してみる。「ではこのすべての答えに共通することは何か？」と。すると，それまでさまざまな答えを出していた学生は途端に静かになる。答えが多いほど，その共通項を見つけるのは大変だからだ。

その答えはきわめて単純，「すべて他者の存在を前提にしている」だ。「私は男である」は「女」の存在を前提とした答えである。同様に，「私は日本人である」は「日本人以外の国籍の人々」，「私は京都文教大学の学生である」は「京都文教大学以外の学生」，「私は京都出身である」は「京都出身以外の人々」，そして「私は時間にルーズである」は「時間にルーズでない人々」を前提にした答えなのである。

このように「自己」を定義しようとしているのに，そこには「自己ならざるもの」すなわち「他者」の存在が深く関与していることになる。「鏡を見る」という行為はきわめて象徴的である。人間をもっとも象徴する身体の部位は「顔」であり，また顔の中でも「眼」であるが，それを人間は自分の目で直接見ることができず，それを見ようとすれば「鏡」に映すしかない。触れば「そこにある」のは事実だが，直接知覚することはできない。同様に，自分の存在も触れば「そこにある」のは確かだが，その存在意義は「他者という鏡」に映し出されて初めて認識されるのである。

他者から「ありがとう」と言われる体験，あるいは他者に喜ばれる体験が学生に深い感慨をもたらすのは，それによって「私は人の役に立てた／私は人の喜びに貢献できた」と「自己存在の認識」あるいは「自己存在の意義の確認」ができるからだ。自己を離れて他者はなく，他者を離れて自己もない。

このような関係を仏教では「縁起（縁(よ)って起こること／何かを縁として起こること）」という。他者を縁として自己が生起し，自己を縁として他者が生起するのであり，他者あるいは自己は単独では存在し得ないのである。ここに「他者を幸せにすることが自己の幸せである」という道が開けてくるのであり，これこそが京都文教大学の建学の理念「ともいき（共生）」の意味するところなのである。その意味で，還愚セミナーにおける「ボランティア活動」は，建学の理念を最も具現化できる課外活動とも言えるのである。

さてこの活動は，建学の理念を具現化する活動であると同時に，「還愚セミナー」と銘打っている以上，「還愚（愚に還る）」，すなわち「愚かさの自覚を促せたか」という点でも，この活動を振り返っておきたい（表2-4）。

表2-4　参加学生の感想（その3）

参加年度	活動内容	感　想
2011年	東日本大震災支援	・私は自分の無力さや小ささ，そして自分がどれだけ当たり前の幸せに囲まれて生活していたのか，とても感じさせられた気がします。そして元気を与えに行こうと決めていたのに，逆に私がたくさんの元気をいただきました。（大学3年生・女子） ・今回の震災でご両親を亡くし，大学進学から学費が払えず家族を養うために就職しなければならなかったという話をよくテレビで目にします。そういった人々は自分の夢を諦めなければならない人がほとんどであり，大変つらい思いになります。そのような環境の人々もいる中で，自分はこうして何不自由なく大学生活を送れていることに改めて感謝しないといけないと感じさせてくれる活動であったと思っています。（大学2年生・男子）
2012年	東日本大震災支援	・昨年，まだまだ復興していない地を後にして日常に戻る自分の不甲斐なさと何ができたのか，今後，何ができるのかを考えながら家路についたことを覚えています。（中略）正直，もっと復興しているだろうと考えている自分がいて，考えの甘さ，知識の少なさに気付かされました。（大学4年生・女子） ・自分が悩んでいたことや考えていたことが，すごく小さなことだと感じた。ましてや，何不自由なく自分の好きなことを精一杯できている環境があると言うことは，当たり前ではなく感謝しなくてはいけないということを，今回の還愚セミナーで，あらためて感じることができたように思う。（大学3年生・男子） ・震災に対して意識が薄れていっている自分に気付かされました。震災を体験した人と，意識の高さが違うのは仕方がないのかもしれませんが，忘れてはいけないと思うし，忘れたくないと感じました。（大学3年生・女子） ・私には無駄話を延々とできる友人がいる。この存在がどれほど大切であり，私の心をどれほど落ち着かせてくれるものか感じることができた。（大学3年生・女子） ・昨年も参加させていただいて2年目の参加にもかかわらず，昨年の経験が何も生かし切れず終わってしまったことがただただ悔しかったです。もっとできたのに，と思うことが多すぎて，それに見合っていない自分が本当に情けなく感じました。（大学2年生・女子） ・被災地の人々に元気になってほしいという思いで来たのに，私たち自身が

		励まされたり，元気をもらってしまったことが私にとっては悔しいことでした。自分の未熟さ，「ボランティア」をする者としての自覚がまだまだ足りなかったのかな，と思いました。（大学2年生・男子）
2013年	東日本大震災支援	・毎回活動を通して思うのだが，今こうして何不自由なく大学生活を送れていることに改めて感謝しないといけないと感じた。（大学4年生・男子） ・私個人の力がいかに小さいものかということも再認識した。清掃活動もサロン活動も振り返ると，私個人では何ができたのか，もっと頑張れたのではないだろうかと感じている。（大学4年生・女子） ・私が帰ったら家があって，自分の部屋があって，無臭なトイレを使えて，蛇口をひねれば簡単に水が出てきて，温かいご飯が食べられて，温かいお風呂に毎日入れて，温かい布団で寝られることが「普通」だと思っていた。しかし，その「普通」が被災地へきて普通な生活を送れることが最高の幸せなのだと感じた。（大学3年生・男子）
2014年	東日本大震災支援	・屋根のある建物で普段眠っている自分が贅沢な環境にいると深く実感した。日常生活で利用している交通手段を使わないだけで大変な思いをしなければならないということが新鮮であり教訓にもなった。（大学3年生・男子） ・何よりも強く感じたことは，“当たり前”が続くことがどれほど幸せかと言うことである。（短大1年生・女子）
2015年	東日本大震災支援	・そして普段，何不自由なく生活できていることがどれだけ感謝すべきことか改めて思いました。（大学3年生・男子）
2016年	熊本地震復興支援	・今回のセミナーで自分という人間の無力さを知った。（大学1年生・女子） ・（震災に遭った人話を聞いて）もう聞いてからは黙って景色すら見ることができなかった。だからその後に見る街並みは話を聞く前とはまったく感じ方が違った。そのときは本当に，普通に生活できていることに感謝しないといけないと感じた瞬間だった。（短大1年生・女子）
2017年	九州北部豪雨復興支援	・少しずつしか片づけられず，被災地の復興にわずかしか役に立てなかったことに自分の力のなさを自覚した。復興には支援が継続して行われる必要があると実際に活動を行って感じた。（大学1年生・男子）
2018年	西日本（7月）豪雨復興支援	・3日目は初めて家の中で清掃をさせていただいた。私はそのとき，人間とはなんて弱い生き物なのかと思った。なぜなら熱中症対策として15分に1回休憩をしなくてはいけなかったからだ。（大学1年生・男子）

このように，毎年，還愚セミナーの活動を通じて，自分の無力さを実感し，また被災という非日常を鏡に自分の日常が照らし出され，自分たちが今まで気付かずにいた日々の当たり前の生活が当たり前ではなく，有り難い生活だったと気付くきっかけになっている。この点で，還愚セミナーの活動は建学の理念の具現化であると同時に，「還愚」という気付きにも一役買っていることがわかる。

2011年に始まった被災地支援としての還愚セミナーも2019年で９年目を迎えたが，この活動は我々が被災地に赴いてボランティア活動を行うだけで終わったのでもないし，また現地活動で終始したわけでもなかった。この還愚セミナーはさまざまな産物を京都文教大学にもたらした。

たとえば，被災者や被災地の新聞記者を京都文教大学に招いての講演会やパネルディスカッション，地元（近畿地区）被災地でのボランティア活動，被災地のパネル展，そして大学祭等での募金活動などが指摘できる。毎年，多くの活動を行っているので，そのすべてをここで紹介することはできないが，その一例として2014年度の活動を列挙すれば，表２－５のとおりである（このうち【　】内に示したのはその行事の主催団体。なお「イーサポ」とは，本学の東日本大震災復興支援学生プロジェクト「京都文教大学イーサポ」の略）。

表２－５　2014年度の活動一覧

年	月　日	内容・参加者など
2014	５/９	鈴木素雄氏　講演会「被災地のその後とメディアの役割」【総合社会学部】
	６/下旬～ ７/上旬	2013年度現地ボランティア写真展【学生課】
	７/２	樋口広思氏　講演会「石巻の子どもの心」【臨床心理学部・宗教委員会・学生課】
	７/９	ボランティア募集説明会【学生課】
	７/中旬～	災害関連図書展示【図書館】
	７/14～21	パネル展「東北の魅力（福島 ver.）」【イーサポ】
	７/16	講演会「福島県南相馬市のリアル」【総合社会学科・学生課】
	８/１	宇治市防災講座（教員１名が進行，イーサポ学生４名が進行補助）
	８/25～30	福島県相馬ボランティア（学生20名，教職員４名）【学生課，総合社会学科】
	８/29	宇治市災害ボランティアセンター主催の福知山市ボランティアに参加（ボランティアセンター学生３名，学生課１名）
	９/８～12	宮城県仙台市ボランティア（還愚セミナー）（学生19名，教職員８名）【宗教委員会・学生課】
	９/14	京都三条ラジオカフェで相馬野馬追講演会 PR（学生１名，学生課１名出演）
	９/29	京都リビング FM で相馬野馬追講演会 PR（学生１名，教員１名出演）

	9/26～10/15	相馬野馬追写真と甲冑の展示【学生課】
	10/9	FM うじで相馬野馬追講演会 PR（学生１名，学生課１名出演）
	10/9	学内実施現地ボランティアふりかえり【学生課】
	10/15	二上文彦氏　講演会「伝統行事の復興と再創造　野馬追に生きる人々」【総合社会学部・学生課】
	11/1～2	大学祭にて，現地ボランティア活動報告パネル展・青田恵子布絵展【学生課】，模擬店「ずんだもち」【イーサポ】，模擬店「福島名物　凍天屋」【ボランティアセンター】
	11/1～2	大学祭での募金活動（29万3282円を福知山豪雨災害義援金に募金）
	11/9	ともいきフェスティバルで現地ボランティア活動報告パネル展示【学生課】
2015	1/18	避難所運営体験（地域16名，学生教職員29名）【学生自治会・イーサポ・ボランティアセンター】
	2/7	宇治まなびんぐで現地ボランティア活動報告パネル展示【イーサポ】
	2/16	浄土宗宗門関係大学社会連携企画報告会・シンポジウムで避難所運営体験報告（学生自治会１名，学生課１名）
	2/18	京都府南部地域まちづくりミーティング（防災がテーマのディスカッションに，イーサポ１名，ボランティアセンター１名参加）
	2/22	防災ワークショップ「むすび塾」【向島住民・河北新報社・京都新聞社・京都文教大学】
	3/4～11	向島ニュータウン内で３.11メモリアルキャンドルへの協力【イーサポ】

東日本大震災から３年経過した2014年度だけでもこれだけの活動を行っており，還愚セミナーがけっして単発の行事で終わっていないことが分かるだろう。

5　大学の活動と地域の関わり

大学が学生にとって「学びの場」であることは言を俟たないが，その活動はいわゆる正課科目（単位の履修）にとどまるわけではない。正課活動に加え，クラブ活動などの課外活動もあるし，最近では準正課活動も各大学で盛んである。いまこれを京都文教大学の実態に合わせて整理すると，次のようになる。

正課活動：講義や演習・実習など，卒業に必要な単位や資格に必要な単位を取得する活動

課外活動：自治会活動やクラブ・サークル活動，あるいはアルバイトなど，単位取得と直接関係のない活動

準正課活動：単位取得と直接関係はないが，大学の学びと深く関わっている活動。たとえば，海外留学，ティーチングアシスタントやスチューデントアシスタントなどの授業の補助，プロジェクト活動，自主勉強会や研究会など。災害復興ボランティアもこの範疇に含まれる

このように，正課活動が核になり，これに課外活動や準正課活動も相俟って，多面的な学びが大学で可能になる。まさに正課科目・課外活動・準正課活動の「ともいき」により，学生のさまざまな能力が陶冶されるが，問題はこの三者をいかに有機的に組み合わせ，教育効果を上げるかである。準正課活動である災害復興ボランティア活動も，それ単発で終わらせるのではなく，正課の活動といかに関連づけるかが課題となろう。

本学には臨床心理学部と総合社会学部が存在するが（2019年度現在），大学のホームページでは本学の学部構成を次のように紹介している。

IT 革命や世界のグローバル化など，現代社会は加速度的にめまぐるしい変化を遂げていますが，それに伴って人間や社会は深刻な問題や課題に直面しています。人間関係のもつれ，自殺，学校でのいじめ，高齢化，コミュニティーの喪失，過疎化，格差社会など，枚挙に暇がありません。そこで本学では，〈ヒューマンケア〉という視点から人間個人の苦悩と向かい合う臨床心理学部，また〈ソーシャルマネジメント〉という観点から社会の諸問題と対峙する総合社会学部を設置し，〈個人〉と〈社会〉の両面から自他共に幸せを感じられる共生社会の実現に向け，新たな価値の創造を目指しています。

つまり，臨床心理学部はヒューマンケア，総合社会学部はソーシャルマネジメントという視点から出発し，〈個人〉と〈社会〉の両面から「ともいき社会」

の実現をめざしている。震災復興活動に携わった学生も，震災復興をそれぞれの学問分野から深めていってほしいが，この点について我々はまだ十分な仕掛けを提示できていない点が課題となっている。

震災復興ボランティアをそれ単発で終わらせるのではなく，そこで気付いたこと，発見したことを，それぞれの学問分野から考察し，何らかの解決策を見出すことは難しいかもしれないが，自分の学びを深めることができれば，正課活動と準正課活動は「ともいき」していることになり，それが本学の教育の大きな特徴となろう。

たとえば，臨床心理学部の学生はこの活動を通じて，傾聴すること，悲しむ人に寄り添うこと，被災者の悲しみや苦痛に直接触れること，そして心のケアはどうあるべきか，など学ぶべきことは山ほどある。一方，総合社会学部（経済経営コース・公共政策コース・メディア社会心理コース・観光地域デザインコース・国際文化コース）の学生は，震災復興に経済・経営・公共政策・観光等といった視点から見れば，復興はどうあるべきなのか，ソーシャルマネジメントという視点で何ができるのかなど，考察すべき視点はいくらでもある。今後はこのような視点から，災害復興活動（準正課活動）と正課活動を「ともいき」させる工夫を考えていきたい。

本章で指摘したように，社会は身体性が欠如する方向に進んでいる。だからこそ，体験学習を含めたアクティブ・ラーニングの重要性が，初等教育から高等教育にいたるまで強調されていると考えられる。京都文教大学では開学以来，現場主義教育，あるいは現場実践教育を大切にし，フィールドワークを重要な学びの手法の一つに位置づけてきた。それは現代社会がはらむ「身体性の欠如」という問題を先読みして，先駆的に実践してきたともいえる。実社会での体験は学生を大きく成長させるが，とくに被災地における復興支援の活動には，他の地域での活動とは決定的に違う要素があった。

本章で確認したように，被災地には弱さの持つ力が存在しているのだ。弱さがむき出しになった被災地には，人間の弱さをさらけ出すことを余儀なくされた被災者が存在し，その弱さの持つ力に触れたとき，学生はその力にほぐされていく。この体験は被災地でしか実現しない。数ある地域貢献の中でも，被災地での復興支援だけが持ちうるパワーと言えよう。そこで学生は復興支援を通じて被災者から感謝され，「ありがとう」の言葉をもらい，自己の存在を確認する。それにより，学生は被災地あるいは被災者から元気や勇気をもらう経験をするのだ。

また，この活動を「還愚セミナー」と位置づけることで，自分の足元を見つめ直す機会を得る。被災という非日常を鏡にして自分の日常を写しだし，自分たちが今まで気付かなかった“当たり前の生活”を“ありがたい生活”と気付くことになる。これも他の地域貢献活動では経験できないことであろう。そして復興支援によって少しでも被災者の力になることが自己の幸せだと学生が感じてくれたら，それはとりもなおさず「ともいき」という建学の理念を体現したことになる。

このように，被災地を対象とする地域貢献活動には高い教育効果があることが確認されたと思うが，被災地のみならず，現場主義教育を掲げる京都文教大学においては，それを展開する場として「地域」は重要な意味を持つ。よって京都文教大学では2014年に文部科学省の「地（知）の拠点整備事業（COC［Center of Community］事業）」に応募し，高い倍率をかいくぐって採択されたが，その際，教員の間でも「地域」の定義をめぐって熱い議論が交わされた。地域を大学が所在する「宇治地域」という限られた地域として理解する教員がいる一方，この理解に対しグローバルな時代に逆行するとして反対する教員もいた。

しかしこの事業で我々が意識したのは地域学習の汎用性，つまり「地域を学ぶ」だけに留まらず，「地域で学ぶ」ことも視野に入れるということである。たしかに大学が所在する宇治市は我々にとってもっとも身近な地域ではあるが，そこに地域を限定するつもりはない。では，「地域」をどう定義するかについて私見を述べたい。

この８年間の報告書で，参加学生が使っている言葉の中にそのヒントはあった。いちいち用例はあげないが，学生たちは「ご縁」という言葉で，被災地と自分との関わりを表現している。「縁」の定義もいろいろあるが，一般的には直接的原因を「因」，間接的原因を「縁」と呼び，２つあわせて「因縁」とも言う。これを敷衍して，「因」を「我々の意識のレベルで確認できる原因」，「縁」を「我々の意識のレベルは確認できない原因」と定義してみたい。男女の結婚はまさに「縁」であり，２人がどうして巡り会い，結婚するに至ったかという究極的理由は，意識のレベルでは確認できない。しかし，何らかの力が働いて，２人は深い関係になったわけであり，その力を我々は「縁」と呼んできた。

同様に，我々がボランティアで見ず知らずの地域に出向き，見知らぬ人の家に上がり込んで土砂の撤去作業を行うことになったのは，まさに「ご縁」というしかない。その〝偶然〟とも思える〝必然〟を学生たちは大事にし，被災地域や被災者と交流して，大きな影響を受けているし，被災者の方も学生との接触を通じて，何らかの影響を受けているはずだ。つまり，「地域」とは「我々とご縁のある場所」と定義してみてはどうだろうか。

大学が所在する宇治市は言うに及ばず，学生が海外インターンシップに出かければ，そこがその学生にとっての「地域」となるし，大学で学んだ後に，ある町で働き，結婚して住居を構えれば，そこがその卒業生にとって縁のある地域となる。本学の現場教育ではさまざまな地域での学びが展開されているが，そこで学んだことが将来，自分と縁のある別の地域で生かされるとすれば，そこにも「ともいき」の理念は息づいていると言えよう。

こうして地域Ａと地域Ｂが「ご縁」という見えない糸で結ばれ，それがまた地域Ｃとも縁で結ばれて相乗効果を生むことで，「ともいき」のネットワークが拡大されていくのを夢見ている。それを大学がどうオーガナイズしていくのか，今後の課題としたい。

参考文献

京都文教大学 HP（https://www.kbu.ac.jp/kbu/intro/president.html　2019年８月参

照）。
松岡正剛『フラジャイル――弱さからの出発』筑摩書房，1995年。
「作者・筆者インタビュー／山極寿一（人類学者・霊長類学者）『作られた物語』を超えて：Story3 『身体の同調』で信頼感を取り戻す」光村図書（https://www.mitsumura-tosho.co.jp/kyokasho/c_kokugo/interview/tsukurareta/story3.html 2019年８月27日参照）。
「作者・筆者インタビュー／山極寿一（人類学者・霊長類学者）『作られた物語』を超えて：Story4　教育にも求められる身体性の回復」光村図書（https://www.mitsumura-tosho.co.jp/kyokasho/c_kokugo/interview/tsukurareta/story4.html 2019年８月27日参照）。
養老孟司『唯脳論』青土社，1989年。
鷲田清一『まなざしの記憶』TBS ブリタニカ，2000年。
――――『〈弱さ〉のちから――ホスピタブルな光景』講談社，2001年。

コラム3

地域ボランティアセンターと大学の連携

根本賢一
（京都文教大学学生課職員／宇治市災害ボランティアセンター運営委員）

京都文教大学が位置する宇治市には2つの地域ボランティアセンターがある。住民と宇治市社会福祉協議会（以下，市社協）が協働でボランティア活動の推進を図る「宇治ボランティア活動センター」と，平常時においても災害に強いまちづくりをめざしてして活動する常設型の「宇治市災害ボランティアセンター」である。いずれも市社協が運営および運営支援を行っている。

私は，両方のセンター運営委員をしており，市社協のある宇治市総合福祉会館へ出入りしたり，市社協職員と連絡することが多々ある。以前，京都文教大学には学生主体で運営する「京都文教ボランティアセンター」があり，その担当をしていたことがきっかけでセンターの運営委員になった。2009年から宇治ボランティア活動センター運営委員を務め，その後，2011年に宇治市災害ボランティアセンター運営委員も務めることとなった。

その年は，3月11日に発生した東日本大震災があり，市社協職員も交代で東北へ派遣され現地の社協業務や災害ボランティアセンターの応援に駆けつけていた。本学でもこの東北の状況を念頭に置き，ボランティア活動を考えていくために市社協職員から東北の現状報告を学生が聞く場を設け，夏休みには岩手・宮城・福島の3県で学生たちが活動を行った。そして，本学の「災害ボランティア」活動の動きが2011年を境に急加速していった。

2012年8月には，京都府南部地域豪雨災害が発生し，地元の宇治市内で大きな被害があり宇治市災害ボランティアセンターは非常時体制に移行し，現場確認などを行い被災世帯からのボランティアニーズの受付を開始した。泥出しや家屋内外の清掃などのボランティアを受け入れ，個人宅への支援活動が行われた。非常時体制で25日間活動し，のべ2000人を超えるボランティアを受け入れた。私は，ボランティアにどの被災宅に行ってもらうかの調整を行うマッチング班をおもに担当

京都府南部地域豪雨災害における災害ボランティアセンターでのマッチングの様子

した。センター加盟団体や各種団体との協力連携の大切さを実感し，市社協職員の尽力はとてつもないと感じた。大学業務は夏期休暇に入っており，私は１週間ほどセンターに詰め，お盆あけの大学業務の再開と同時に学内にもボランティアの呼びかけを行った。センターでの非常時体制が終わってからも市社協職員からは個別にボランティアニーズの連絡を受け，学生と被災宅へ行き一緒にボランティア活動を行うこともあった。

京都文教大学には臨床心理，教育福祉心理，総合社会，京都文教短期大学には食物栄養，幼児教育，ライフデザインなどを教える教員，それを学んでいる学生がおり，被災者へのサポートに連携して取り組める社会資源をこの宇治キャンパスは秘めている。キャンパスが避難場所になった場合にどうするか，地域の災害ボランティアセンターと連携協力し，大学独自で災害ボランティアセンター拠点を設置し，災害ボランティアに行きたい大学生を全国から受け入れるベースキャンプ地や，グラウンドを利用したボランティアテント村の設置の可能性など災害多発の昨今，災害時に何ができるか，職員として市民としても，学生と共に考え行動し続けたい。

第Ⅱ部

協働でつくる環境と文化

第3章
都市型環境教育による循環型社会形成への期待

本章では，筆者が京都文教大学で担当・実施したプロジェクト科目と研究について紹介したい。具体的には，2018年度の「京都文教大学現場実践教育科目プロジェクト科目（地域）【みんなで学ぶ環境まちづくりクラス】」（以下，環境PJクラス）と，2017～2018年度に宇治市市民環境部ごみ減量推進課との協働研究として実施した「ごみ減量化に向けた大学リユース市の研究」および「京都文教大学リユース市」から，実践的な都市型環境教育および環境まちづくりから循環型社会の形成へとつながる展望を述べたい。

1　日本における環境教育の歴史――公害教育と自然保護による情操教育

日本における環境教育の歴史は，公害教育と自然保護教育が源流になったと考えられる。1960年代～1970年代の高度経済成長時代には，その発展の代償が公害という形で日本各地において確認されるようになり，市民の環境権が脅かされるようになった。水俣病，新潟水俣病，イタイイタイ病，四日市ぜんそくの四大公害に代表される水質汚染，大気汚染等の問題から市民の生命や健康を守り，公害に対しての危機意識を高めようとする市民運動が，公害教育の発端にある。それらの運動は，各被害地域での出来事にとどまらず，公害訴訟や公害国会による関連法令の整備等へと波及し，日本社会に変容を迫るものであった。1967年に施行された公害対策基本法は，制定当初は経済成長との調和を図りながら進める規定が盛り込まれていたが，世論を受けた1970年の臨時国会においては，この規定が削除されている。

法整備が進む一方で，公害教育の現場では，公害の加害者＝企業，被害者＝市民という構図が浸透してしまい，住環境の改善について国や企業への訴えはするものの，健全な社会環境を市民自らが形成する行動をとるまでには至らなかった。

こうした公害教育と並行して，高度経済成長に伴う開発行為による自然破壊の問題に対して起こったのが，自然保護教育である。もともと1950年代半ばに始まった自然観察活動が礎となり発展していたものだが，しだいに都市部の学校教育において活動内容が，単なる採集と標本の提出になるなど形式化が進み，その反省から野外での学習や体験がいっそう重視されたことが，自然保護教育の原動力となったとされている。

一方で，野外体験や知識の普及に注力した自然保護教育に対しては，そのあり方への批判もあり，東京学芸大学環境教育「拠点システム」構築事業研究グループ（2005）のレポートの中では，「自然観察の活動が，自然を対象とした単なる楽しみや知的満足に終わり，一人ひとりの価値観や生活習慣の変革という環境教育の本質的部分で力になっていないという指摘があることも事実である」とされている。

現代日本では，人口の半分以上が東京，大阪，名古屋の三大都市圏に暮らしている。都市生活者にとって，自然体験学習は非日常空間における体験であり，市民の日常生活からは隔絶された，別世界での出来事と捉えられかねない。こうした自然体験による情操的な教育が必要であると捉える一方で，都市型地域社会の中での環境教育がなければ，育まれた情操が日常の行動へと結びつかないのではないだろうか。

持続可能の概念のもとでは，大量生産・大量消費・大量廃棄型の社会に対する考えとして，発生抑制（Reduce）・再利用（Reuse）・再生利用（Recycle）を推進する「循環型社会」の概念が提示され，廃棄物の排出を可能な限り低減することが求められている。このようなめざすべき社会像と都市型ライフスタイルを切り離して考えることはできず，身近な生活地域における環境教育や，それを達成するための実践的な学習機会，実践が活かされる地域が必要であると考えられる。

本章では，都市型ライフスタイルおよび生活環境における実践的な教育を「都市型環境教育」，地球環境・地域環境の改善につながる取り組みを「環境まちづくり」とし，その意義を検証していきたい。

2　地域でコミュニケーションを実践するプロジェクト

(1)「環境 PJ クラス」科目概要

環境 PJ クラスは，2018年度秋学期（9～1月）に実施された（表3-1）。大学2回生以上を対象にした課題解決型学習（PBL：Project Based Learning）科目であり，学生たちは定められた課題に対し，チーム単位で解決策の提案を行うことで，到達学習目標の達成をめざすものである。

同時にこの科目は，地域と連携する地域連携型学習（CBL：Community Based Learning）としても位置づけられており，学生たちは提示された課題について，教室の中で知るだけでなく，実際の現場を自身の肌で感じ，提案に向けた情報収集を行うものとしている。そのため，基礎知識を身につけるための座学こそあるものの，科目の本質は，地域に出て，地域の人々とコミュニケーションをとりながら，社会人基礎力(1)を磨いていくことにある。

学生の履修における到達学習目標としては次の2つを設定した。1つは，環境問題と地域がどのように関連しているのか他者に説明できること，もう1つは大学や学生が取り組む環境まちづくりのアイディアを創造できること，である。

環境問題は，地球全体や広範囲に影響が及び国際的な枠組みによる解決が求められる「地球環境問題」と，影響が地域的に限定され原因と影響の因果関係が認識されやすい「地域環境問題」に大別される。前者の例は地球温暖化や越境大気汚染（PM2.5など）であり，後者は廃棄物問題，自然環境や景観の保全などが代表例にあげられる。

ところが環境問題というと，前者のイメージが強いため，現象の規模が大き

表３－１　2018年度環境PJクラス　全体スケジュール

９月26日	水	オリエンテーション
10月３日	水	学内授業（基礎知識，テーマ設定）
10月10日	水	クリーンパーク折居施設見学
10月14日	日	環境まつり
10月24日	水	学内授業（チーム・テーマ設定）
11月７日	水	学内授業（提案検討）
11月21日	水	学内授業（提案検討）
11月28日	水	SDGsカードゲームワークショップ
12月５日	水	京都リビングエフエム収録【ラジオチームのみ】
12月８日	土	京都文教大学リユース市
12月12日	水	学内授業（提案検討）
12月19日	水	紙面づくり【広報紙チームのみ】
１月９日	水	学内授業（発表準備）
１月12日	土	合同成果発表会
１月16日	水	授業振り返り

く，原因と影響の因果関係が不明瞭に捉えられがちで，地域や個人の取り組みが課題の解決に作用することがイメージしづらい面がある。この授業では，「地域環境問題」という区分があることを知ったうえで，学生たちの取り組みによって課題の解決にアプローチできるということを学んでもらいたく，上記の目標を設定した。

この到達学習目標を達成するためのプロジェクトとしては，後述する２つの課題に対して，２つの学生チームによる「市民の環境意識を高め，環境配慮型ライフスタイルを促すための取り組みについての提案」を行うことをゴールとした。

具体的には，科目における学習のフィールドは同一としながらも，別々の環境問題をテーマにした課題をそれぞれに設定し，それらに対する提案を２チームそれぞれの方法でアウトプットをするというものである。

１つ目のテーマは，地球環境問題の代名詞，地球温暖化である。こちらは，伏見にあるラジオ局「京都リビングFM」の協力のもと，局が持つ番組

『COOL CHOICE　まず私から』の収録に学生チームが参加し，その中で，地球温暖化防止について提案をするというものである。学生からは，自動車やバイクの利用を減らす提案として，例えば自転車利用での通学者には大学の学食を安くするなどといったユニークな提案があり，学生の発想に興味深さを感じる取り組みでもあったのだが，本章では，もう1つのテーマに焦点を当てる。

環境PJクラスの2つ目のテーマは，ごみの減量である。こちらは，京都府南部3市3町が共同で運営する城南衛生管理組合と協働し実施した。城南衛生管理組合は，宇治市・城陽市・八幡市・久世郡久御山町・綴喜郡宇治田原町・井手町が環境廃棄物行政を推進するための特別地方公共団体（一部事務組合）[(2)]であり，城南衛生管理組合が管理する廃棄物処理施設の見学，職員との意見交換，主催イベント「環境まつり」への参加および現地調査等を通して，広報紙『エコネット城南』の紙面で学生が取り組む内容を掲載することとした。

城南衛生管理組合が管理する廃棄物処理施設には，分別が不適切な家庭系一般廃棄物が搬入されることがある。不適切な廃棄物の混入は，施設の維持管理に支障をきたすことがあり，適正な廃棄物処理を阻害し，工場の維持管理費用を圧迫する要因にもなり得る問題である。

この要因の1つとして，圏域住民に対する分別ルールの啓発不足が考えられた。城南衛生管理組合は京都府南部の3市3町による共同事業体であり，分別のルールや名称が自治体によって微妙に異なるため，組合として一括した啓発が行き届かず，また，自治体単位での分別情況を捉えることも難しくなっている。

そこで，環境PJクラスでは，圏域住民に廃棄物の分別についての意識調査を行うとともに，地球環境・地域環境の改善につながる取り組み（環境まちづくり）に参加することで，環境問題の実態を体験・学習することを科目のフレームとした。そして，そのための場として，①「環境まつり」，②「SDGsカードゲームワークショップ」，③「京都文教大学リユース市」という3つの現場学習の機会を用意した。このうち，①環境まつり，②SDGsカードゲームワークショップについては，次項で紹介する。③京都文教大学リユース市については，本章の中心である「ごみ減量化に向けた大学リユース市の研究」とも密接に関連するため，第3節以降にて詳述したい。

(2)環境PJクラスにおける都市型環境学習

1)環境まつり

城南衛生管理組合が主催する環境まつりは，例年10月に行われているイベントで，廃棄物処理施設の見学ツアーやフリーマーケットが行われる。午前10時の開場にもかかわらず，開場前から多数の来場者が訪れる地域住民に人気のイベントである。環境PJクラスでは，学生を3つのチームに分け，交代しながら，以下の3つの方法で参加した。

1つは，施設見学ツアーへの参加である。表3-1にもあるように，環境まつりの参加に先立ち，城南衛生管理組合が管理する廃棄物処理施設のうち，可燃ごみの焼却処理施設「クリーンパーク折居」を全員で見学していた。廃棄物処理施設という，普段なじみのない場所を見学することで，私たち市民が，日々の生活で出しているごみが，どのような過程を経て処理されているのか，どのような施設運営がなされているのかを学ぶこととしたのである。

それを踏まえて，環境まつり当日は，同じく可燃ごみの焼却処理施設である「クリーン21長谷山」，粗大・不燃ごみの破砕処理に加え，プラスチック製容器包装の資源化を担う「リサイクルセンター長谷山」，缶・びん・ペットボトルなどの再資源化施設である「エコ・ポート長谷山」の見学ツアーに参加することとした。

この際に，チームによって見学施設を変え，どれか1つは見学ができないように編成した。これは，本科目の到達学習目標の1つである「環境問題と地域がどのように関連しているのかを他者に説明できること」に臨むにあたり，他者が知らない情報を収集し，相手に伝えることを学習するための試みであり，後の学内授業では互いに教え合う時間を設けた。

次に，環境まつりに来場した子どもたちがペットボトルや牛乳パックなどの工作おもちゃで遊ぶ「子ども遊び場コーナー」にも学生たちは参加した。このコーナーはメイン会場より少し奥まったところにあったものの，学生たちが子どもたちや保護者と交流できる良い機会となった。

そして今回の環境PJクラスで，重要な意味を持つ，アンケート調査である。環境PJクラスでは，広報紙『エコネット城南』の紙面にて，廃棄物の分別が不適切である理由を探るため，環境に意識の高い層と，そうではない層に同一のアンケートを行うことで，市民の環境意識に対する調査を行うこととした。このうち，環境に意識の高い層へのアンケートを環境まつりの会場で実施したのは，環境まつりの会場である「クリーン21長谷山」はアクセスが良い場所であるとは言えず，無料のシャトルバスこそあるものの，来場意欲がなければ行きつかない所であるからである。もちろん来場者全員がそうであるとは言えないが，環境問題や取り組みに対して少なからず意識を持っている層が来場するものとして，今回はアンケート調査の実施場所の１つとした。比較する形で，環境への意識が高いとは言えない層へのアンケートは，「京都文教大学ともいきフェスティバル」を実施場所としたが，これについては第４節の「京都文教大学リユース市」にて記述する。

環境まつりでのアンケート調査は，事前に城南衛生管理組合と協議・作成した設問を学生たちが回収する形式で実施した。アンケートの項目は，単純な選択式の設問ではなく，一見すると，やや回答しづらい項目も含まれているが，これは学生が来場者との対面でのコミュニケーションをとりながら，アンケートを実施することを意図したものである。アンケートの設問項目（一部）は，表３-２の通りである。

アンケート調査には３時間弱程しかとれなかったが，学生たちの頑張りにより，実施前の予想の100件を上回る170件もの回答を得ることができた。後日，学生たちから提出されたレポートにも，アンケートをとる中での来場者の反応や会話が，自らの提案をまとめる際に役立ったという意見が散見され，対面式アンケートの実施によって地域の声を汲み取る良い機会になったと感じている。

学生たちは，アンケート調査の実施前には不安や緊張を抱いていたものの，現場実践ならではの学びを得る機会になっていたように思う。

表3－2　アンケート設問項目

1．自身がお住まいの市町のごみ分別ルールを知っていますか？
2．普段，ごみの分別をどれほど心がけて行っていますか？
3．ごみを分別するとき，分別に迷ったことはありますか？
　3－1．（3で，あるとお答えの方のみ）何故，分別に迷ったと思いますか？
　3－2．（3で，あるとお答えの方のみ）分別の判断に迷った後は，どのような行動をとられますか？
4．ごみの分別ルールや廃棄方法に関する情報はどちらから入手していますか？
5．ごみの分別がおろそかになる時は，どのような時ですか？（複数回答可）
6．ごみの分別を行うとき，分別の判断に迷うごみに○をつけてください（複数回答可）。
7．日常生活で，ごみの分別をする際に工夫していることがありましたらお教えください。

レポートの中でも，「参加させていただくことで，地域の方の目線でごみの分別について考えることができるよい機会になった」，「どうやって若者層に環境への関心を持ってもらうかが一番大きな課題だと考えている。私はお年寄りが年間でモノを消費する量は若者に比べて少ないと考えていて，そうなるとお年寄りの層がごみに対して関心を高めても，日本全土のごみの意識というのは変わらない」というように，地域住民の問題を考える視点や，「家やアルバイト先で，燃えるごみか燃えないごみかを意識して捨てるようになった」というような，地域の課題を自分事として捉える気付きを獲得していることが見受けられた。

2)SDGs カードゲームワークショップ

2018年度，筆者は宇治市市民環境部環境企画課との協働研究「持続可能な地域社会の形成における市民主体型協働組織の活動効果測定手法の検討」を実施しており，その一環として市民向けの連続講座を開催していた。

これは，会員獲得，広報，講座・ワークショップの開き方というように，各回のテーマに沿った講師を招聘することで，参加者の市民活動のステップアップに役立てつつ，参加者同士の交流を深めることを目的としたものであった。

そのうちの1回にカードゲーム「SDGs2030」(3)を使って，SDGs（Sustainable Development Goals：持続可能な開発目標）の目標達成に至る道のりや多様な価値観目標を持つ人同士の協働を体験するワークショップがあり，環境 PJ クラス

図3-1　ワークショップの様子

の学生たちにはこのワークショップに参加してもらった。

SDGsとは，2015年9月の国連サミットで採択された，持続可能な開発（発展）のための国際目標であり，17のゴールと169のターゲットから構成されている。17のゴールには，貧困撲滅や教育の機会，安全な水資源へのアクセス，海洋資源の保全などの項目が制定されており，その1つには，パートナーシップによる目標達成について定められている。市民活動においては，活動メンバーや資金など，活動上の不安を解決することも差し迫った課題ではあるが，同時にパートナーシップ・協働による事業展開も取り入れる必要があり，連続講座におけるワークショップはそのような協働の体験を目的としていた。

学生たちには，このワークショップに参加してもらうことで，持続可能な開発（発展）の考え方について学び，学生以外の大人の参加者とともにワークショップを進めていく経験をしてもらった（図3-1）。

ワークショップでは，その会場が1つの世界であると仮定し，参加者は与えられたお金と時間を使って，世界の中でさまざまなプロジェクトを達成していく。参加者は，お金や時間，やりがいなど，それぞれに設定された人生の目標の達成に向かって，経済活動や社会活動といったプロジェクトに参加していくのだが，経済・環境・社会の3要素で表示される世界の状態（資源）が適正に保たれた状態にないと，プロジェクトを実施する条件を満たすことができない。そのため，各々のプロジェクトの結果が，世界の状態を変化させることになり，それを確認しないままプロジェクトを進めると，経済・環境・社会のバランスが大きく偏ってしまい，自分が関わる活動が実施不可能となり得るということを学ぶことができる。

後日，参加学生から提出されたレポートには，「どんなに時間とお金を得ても環境自体が崩れ地球がなくなったら元も子もない」「ゲームでは〔世界の状態を示す〕パラメーターがあり，互いの目的を簡単に知ることができたが，現実の世界ではパラメーターは無く，個人の本当の目的を知ることは難しい」「一つの事を考える時には，それに関連する事柄などについても考えると，問題解決の糸口につなげられるということが分かった」「１人の考え方によって大きくゲームの状況が変わったように，先進国の考え方によって世界の状況が変わるのもこれに似ていると思った」といった意見や感想があり，環境問題を考える際にも，それだけで考えるのではなく包括的な視野を持つことが重要であるということが伝わったように思う。

また，このワークショップには，学生だけでなく，環境活動に取り組む年配の市民や市役所職員，学校教員といった立場の人が参加した。ワークショップのテーマ上，多様な立場の参加者による実施は，講座としての価値もさることながら，学生への教育効果としても有意義なものになった。

現代の環境教育は，子どもや年配層が主対象となり，子どものいる家庭を除いた現役世代の参加が少なくなりがちである。しかし，本来，持続可能な発展の概念は「将来の世代のニーズを満たす能力を損なうことなく，現役の世代のニーズを満たすような開発」であり，世代間での対話が不可欠である。そのため，このようなワークショップの場に，現役世代が参加し，若者から年配者まで協働して学ぶことができたのは価値ある機会であった。

ワークショップやカードゲームといった横文字を聞くと，年配者はどうしても敬遠しがちであるが，このカードゲームの内容はいたってわかりやすく，気軽に参加することができる。室内型での環境教育として都市部でも取り組むことができ，また多世代での交流を図ることで，深く学ぶことができる点が，非常に理想的であると考えられる。

また，カードゲームの中で扱われる題材についても，「交通インフラの整備」や「浄水器の普及」など，都市部でも身近なキーワードが，世界やSDGsの達成にどのような影響があるかといった，公害教育や自然保護教育では，扱われることの少ないグローバルな地球環境問題について学ぶ機会となっており，この点も評価したい。

3　学生生活の不用品を楽しく譲る仕組み「大学リユース市」

(1) 大学リユース市とは

大学リユース市とは，「大学生の特性を活かしたリユース品（再利用品）の譲渡イベント」である。

大学生の多くは入学から４年間で卒業していく。とくに都市部にある大学では，故郷を離れた自宅外通学者[(4)]の割合が高く，在籍学生の半数が親元を離れて大学近辺で下宿している場合も珍しくない。こうした学生たちは下宿の始まりとともに，生活に必要な家具・家電を揃え，４年後の卒業時には，就職等の理由により再び転居することも少なくない。その際に，本来まだまだ使えるはずの家具・家電が不用品として扱われ，廃棄処分になってしまうことがある。そのような事態を防ぐための方法の１つが大学リユース市である。

大学卒業生からは不用品となる家具・家電がある一方で，新たに入学してくる新入生は，新生活のための生活品を必要としており，双方の利点を一致させ，卒業生から新入生へと家具・家電を受け渡す機会を設けることが大学リユース市の基本システムである（図３-２）。

例年，引っ越しシーズンの３月はごみの量が増加傾向にある。それに伴って行政の収集業務の負担が増すため，引っ越しに伴うごみの発生について一定の対策が求められている。京都文教大学が位置する宇治市では，「第二次ごみ処理基本計画」に基づき，2007年度実績と比べて2018年度までに，市民１人あたりのごみ排出量を24％削減し，リサイクル率を28％向上することが掲げられていた。しかしながら，大学リユース市の取り組みを始めた時点では，ごみ排出量，リサイクル率ともに目標数値は未達成であり，さらなる環境施策が必要とされていた。

物品の再利用により，資源の有効活用を促進させ，廃棄物の発生抑制につな

図3-2　大学リユース市イメージ図

（出所）筆者作成。

げることで，上記の目標の達成にさらに近づくことができると考えられる。また，このような循環型社会の形成をめざす取り組みは，行政の評価指標達成をめざすだけでなく，市民にとっても恩恵のあるものでもある。

近年，さまざまなフリーマーケットアプリの普及により，個人でも市場を介さない物品の売買が容易になっている。扱われる商品は，再利用物品ばかりではないが，こうした社会の流れにより，中古品の使用や，個人間での物品の受け渡しに対する抵抗感は減少しているものと考えられる。大学リユース市は，再利用品の提供や入手を地域単位でできるという点で，資源の有効活用を好意的に捉える社会づくりに寄与しているものと考えられる。

このような大学リユース市の取り組みは，件数こそ多くないものの日本各地の大学で行われている。北海道，東京都，新潟県，石川県，愛知県，三重県，滋賀県，京都府，福岡県といった都道府県に所在する大学で取り組みが確認できる。いずれの取り組みにおいても学生が運営メンバーとなる点は共通しているのだが，主な違いとして，学生サークル等で自主的に取り組むケース，正課科目の一環として取り組むケース，大学や行政が主体となって学生を巻き込むケースといった，運営にかかわる各主体のイニシアチブに違いがある。いずれにしても，４年間で入れ替わるという大学生の特性から，取り組みを継続的・発展的に実施することが，大学リユース市の課題の１つでもある。次に代表的な例を見ていこう。

(2)大学リユース市の事例

上記で述べたように大学リユース市は，日本各地の大学で実施されてきているが，本項では，筆者が2017年度に調査した２つの事例について紹介し，学生の参加方法や都市型環境教育としての側面について深めていきたい。

1)ゼミの正課科目としての実施例

Ｃ大学は関東圏にある，学生の約半数が自宅外通学をしている大学であり，2013年度に大学リユース市の取り組みを開始している。

大学リユース市の取り組みは，正課科目であるゼミの担当教員の下にリユースに関心のある学生がゼミ生として集まり，所在する市やリユース推進団体等へのヒアリングを実施したところから始まる。ヒアリングを進めていく中で，市が大学との連携を求めているという経緯もあり，ゼミとして大学リユース市を提案したことが立ち上げの経緯である。

大学リユース市は，大学内での会場をどのように確保するかが，運用上のポイントの１つであるが，Ｃ大学では活動を大学の正課科目とすることで，実施場所や広報の手配等，円滑な学内手続きや市からの協力を得やすくなるという強みがあった。

大学リユース市を実施する上では，卒業生から収集した家具・家電を一定期間預かる必要があるのだが，その期間は２～３カ月に及ぶこともある。これは，新入生の入居が３～４月にかけてであるのに対し，卒業生は進路が確定し，卒業要件をほぼ満たしているようであれば，年末年始には住宅を引き払うこともあるからである。そのため，収集した物品を仮置きする場所も年末年始から３

〜４月までの間，確保しなければならない。しかしながら，学生団体やサークルでは，長期間大学施設を借りることが難しく，ゼミ活動として実施することの強みでこれを克服していた。

また，立ち上げ当初には，その第一段階として学生を対象にアンケートを実施し，リユース市実施の規模や需要の高い物品についてデータ収集を行っている。ゼミ学生たちにアンケート用紙を持たせ，大学構内にいる学生から無作為抽出で回収するというものであるが，これもゼミ活動としての指導や明確な方針，大学側からの理解が実施の後押しになったのではないかと考えられる。

一方で，大学のゼミ活動として行われている以上，収益活動ができないため，運営費は他所から調達しなければならないということが課題の１つとしてあげられた。

加えて，もう１つの大きな課題として，意欲ある学生が継続的に在籍するとは限らないことがあげられる。ゼミとしての枠組み自体は継続しても，立ち上げ期に在籍したようなリユースに関心の高い学生がいなければ，活動の質は下がってしまうというジレンマを抱えている。正課科目として行うことで，ゼミ生にとっては単位になるというインセンティブがあるものの，学生の意欲をいかに高め続けられるかが大きな課題となっていた。

実際に，実施初年度こそ関心の高い学生による運営が行われたものの，２年目以降は意欲的に活動できる学生が就職活動等のために減ってしまい，Ｃ大学の科目変更も重なり，活動自体は2016年度に休止となった。

2)学生サークルによる実施例

Ｎ大学は東海圏にある。自宅外通学生の割合は，学部生が約４割だが，大学院生には留学生が多いため約７割になるという。

Ｎ大学では，学生サークルと，その意思に賛同した有志の学生で構成される実行委員会によってリユース市が自主的に運営されており，20年以上の活動実績を持っていることが大きな特徴の１つである。

前述のＣ大学とは対照的に主体が学生団体であるため，活動当初は大学からのバックアップはなく，過去のメンバーも友人とのつながりで参加するようになった学生が多い。また，Ｎ大学生から声をかけられたＮ大学以外の学生も，個人的にリユース市の運営に参加しているというケースもあった。加えて，サークルのOB・OGもボランティアで運営に携わっており，学内外の協力を得ていることが特徴の１つとなっている。大学リユース市を検討する際，課題としてあげられる人員の問題を，Ｎ大学では学生によるネットワークを活かすことで対応している。

大学や行政との関わりとしては，毎年大学と市に後援を申請しており，リユース市当日には，市の環境部局が会場にブースを設け，分別やリユースの啓発を行っている。また，大学生協には，新入生向けの発送物に大学リユース市のチラシを封入させてもらい，家具・家電を購入する前に，リユース市の存在を知ってもらえるよう協力を仰いでいる。

大学リユース市は，卒業生が不要になった物品を，大学入学予定の新入生へと受け渡すため，３〜４月にかけて行われることが多い。Ｎ大学でも，例年３月に学内の施設を使って大学リユースが行われており，筆者も視察をとおしてさまざまな知見を獲得することができた。ここでは，特筆すべき点として物品受け渡しのシステム，地域コミュニティとのつながりの視点から都市型環境教育による学生の学びについて紹介する。

大学リユース市の実施では，持て余すことなく物品を受け渡し，いかに廃棄を少なくするのかが重要である。なぜならば，事前に収集され，品数が明確な物品に対し，リユース市当日にどの程度の客入りがあり，物品を持ち帰ってもらうことができるのかは不確定な要素だからである。

多くの大学リユース市の実行主体は，物品を通年保管できるような倉庫は持っておらず，受け渡しできなかった物品で有償価値のあるものはリユースショップ等中古品販売店へ売却され，そうでないものは廃棄処分となってしまう。廃棄処分の割合が増えることは，大学リユース市の理念にはそぐわないものであるため，物品が残らないよう残品の割合を下げなければならない。

Ｎ大学でのリユース市では，受け渡し物品の決定に２つの段階が用意されている。１つ目の段階は「抽選」である。まず，物品の受け取りを希望する参加者は受付で，１人につき６本の割り箸が配られる。割り箸には通し番号が割り振られてあり，受け取りを希望する物品に結び付けられたペットボトルに投入することで，くじ引きのように，物品の受け取り者が確定する。１人に配布される割り箸が６本であることから，理論上は最大６つの物品を持ち帰る権利を得ることができるものの，人によっては，複数当選する者から，すべてはずれに終わる者までおり，当たりはずれが大きいというゲーム性を実施システムに組み込むことで，来場者の期待を膨らませ，引き取り意欲を高めるものであったように感じられる。

一方で，引き取られる物品の割合をより高めるためには，１人６本のくじの上限を増やすことで，さらに多くの物品を受け渡すことも考えられるのだが，「可能な限り多くの人たちに大学リユース市に参加してもらいたい」との考えから，このような方法をとっている。

受け渡し物品の決定の２段階目は「じゃんけん」である。抽選終了後には，受け取り者がいなかった物品についての残品セールが行われる。当然，最初の抽選時に人気のなかった物品が対象となるのだが，ここに学生がリユース市を運営することの趣が表れている。人気のない物品の傍で，マイクを持つ学生が残品のセールスポイントを述べるのだが，その着眼点が非常にユニークである。一見，重くて場所をとりそうなテーブルには，「地震が起きても，このテーブルの下なら絶対に安全」，汚れが目立つソファには，「今後どれだけ汚そうが掃除不要」といった絶妙な売り文句を添え，参加者の関心を引き付けていた。

どの物品が残るのかは，当日の抽選結果を待たなければ判明しない。学生たちは，不用品として扱われる物品が持つ「価値」を即時的に考え，即応的に「言語化」しなければならない。循環型社会の概念は，廃棄物の発生を抑制し，発生した資源は可能な限り有効活用することにあるが，その前提として資源が持つ価値を適切に取り出す必要がある。この残品セールは，その眼力を磨く機会になりうると見受けられた。

学生たちが，セールスポイントをたどたどしく述べる部分もありながら，その姿は来場者との間に和やかな雰囲気と笑いを生み出しており，リユース市を単なる不用品の交換イベントではなく，１つのお祭りのように演出していたことも，大学生ならではの取り組みのよさが表れていると感じたことも追記しておく。

リユース市当日のスタッフは，現役学生が８人に対し，OB・OGが12人と半数を超えており，多くの卒業生の協力に支えられていた。厳密な年齢構成を確認することはできなかったが，30代くらいのOBと思しきスタッフが現場で動き回っている様子を確認できた。主体こそ学生団体であるが，こうしたOB・OGの参加があることによって，現役学生にとっては，一種の社会勉強にもなっていると思われた。

OB・OGとのネットワークを持つことは，他の学生サークル等でもありうることではあるが，N大学のリユース市の場合，それが単なるネットワークや同窓会的な位置づけではなく，年に１度のプロジェクトを達成するための有機的なコミュニティであることを評価したい。

大学リユース市当日の来場者の半分は大学の新入生ではないように見受けられた。これは事前に主体学生たちへのヒアリングで確認していたことであるが，半数は地域住民のようである。ただ，N大学リユース市では，実施広報は大学内だけに留めており，周辺地域へ向けた広報は一切行っていないということであった。長年行ってきた活動が噂を呼び，地域コミュニティ内にこの催しについての認識が浸透しているのではないかと推測されるが，実際に開催の日時をどこで入手しているのかは不明とのことであった。

また，外国籍とみられる来場者も非常に多く，一般参加者の半分は，こうした人たちではないかと思われた。運営スタッフは，外国語対応を担当する学生もおり，国際関係の学部で学んだ語学力を実践の場で活用しているようであった。

リユース市の目的は，廃棄になる家具・家電の再利用を促すためのものであり，４年間で入れ替わる大学生の特性に応じて大学で開催されるものではあるが，地域住民を排除しようという趣旨ではない。むしろ，経済的事情や言語の違いを理由に，家具・家電の入手が困難な人に有効に活用してもらえるのであれば，それは望ましいことでもある。だが，大学リユース市で受け取られた物品が，その後どのようなルートを辿っているのか後追いは不可能であり，外国人を含む市民が手に入れた家具・家電がどのように使用されているのかも不明であることは，懸念が残る要素でもある。

（３）大学リユース市のローカライズ

以上のように他の地域で行われている大学リユース市についての実際の取り組みを調査したのちに，検討すべきは，大学リユース市を京都文教大学版および宇治市版としてローカライズすることであったが，導入を企画する上で３つの課題があった。

１つ目は，実施規模の想定である。先に調査を行った両大学とも学生数は１万5000人以上であり，約半数が自宅外通学者である。一方，京都文教大学の学生数は1836人（当時）で，自宅外通学者は３割に満たない。

学生の４分の１が卒業年次生だと仮定し，「卒業年次かつ自宅外通学者」を実数にすると，先述の２大学が1800人ほどの潜在層がいることに対し，京都文教大学では150人ほどの規模になることが想定された。

この数字は，物品の提供学生の数に直結するため，他大学と同様の形式で実施するとなると，かなりスケールダウンしたものになるであろうことが予想された。

大学リユース市は営利目的の活動ではないとはいえ，ごみ排出量の削減やリサイクル率の向上という本来の目的に対しても，実施による費用負担に見合う効果という点では心許ない数字であった。

２つ目の課題は，物品と来場者の確保である。筆者と宇治市市民環境部ごみ減量推進課では，2017年度の協働研究において，「中古品の再利用に関するアンケート」を京都文教大学ともいきフェスティバルにて実施しており，その結果や先の２大学の視察から，宇治市内への適切な広報を実施できれば，物品の受け取り者については一定程度見込むことができると考えられた。

一方で，先にあがる課題として，物品提供者をどのように確保するかを考えなければならない。京都文教大学版および宇治市版において，認知度の低い大学リユース市に対し，どのように物品提供者に周知し，廃棄される前の物品を確保する仕組みをつくり，当日の来場者ともども確保するのかが課題として捉えられた。

以上の点から，物品の提供・受け取りを京都文教大学内のみで完結させる実施方法は現実的ではないようにも考えられ，検討段階で２種類の枠組みが提示された。１つは，取り組みを宇治市内全域に広げるというものだ。図らずも，京都文教大学ともいきフェスティバルでのアンケート結果には，地域住民の回答も多くあり，そこには次期大学生である高校生の回答も含まれていた。

大学単独では規模の小さいリユース市でも市民参加型へとすることで，運営の担い手や物品の保管場所についても多様な選択肢をもてるものと期待できる枠組みである。

ただ，この市民参加型の場合，４年というサイクルで学生が入れ替わることで継続され，新入生と卒業生の利点が一致するという「大学リユース市」ならではの色合いは薄くなることは否めない。N大学リユース市では，学生が楽しみながら自主運営することで，イベントの空気感をつくる「学生らしさ」が溢れていた。「大学リユース市」としての取り組みの意義を整理する必要があった。

もう１つの考えは，大学連携・行政連携型で行うというものだ。京都文教大学は宇治市と京都市伏見区の境界にあり，京都市内からの通学者も少なくない。伏見区には４つの大学・短期大学が位置しており，これらと連携することができれば，地域的に広がりのある展開を期待することもできる。

３つ目の課題は，運営主体のあり方である。繰り返しになるが，大学リユース市には，学生サークル等で自主的に取り組むケース，正課科目の一環として取り組むケース，大学や行政が主体となって学生を巻き込むケースといった３つのパターンがある。

学生サークル等で自主的に取り組むケースでは，運営スタッフが持つモチベーションを後輩に継承しなければ，活動は継続できない。一方で，正課科目として取り組む場合は，運営メンバーを半強制的に確保することができる上，学習成果というかたちでのインセンティブを出すことができるというメリットがある。ただ一定の継続性を担保できるものの，意欲を高め続けなければ形骸化してしまうというおそれもあった。

これらの課題をどのように扱い，京都文教大学版としてどのようにしてリユース市を企画し実施したかは，次節にて記載したい。

4　京都文教大学でのリユース市

本節では，2018年12月に実施した京都文教大学リユース市の概要と結果について記載するとともに，実施に至る経緯や学生の参加から見受けられる実施効果について述べたい。

(１)実施の枠組み

京都文教大学リユース市は，筆者と宇治市市民環境部ごみ減量推進課（以下，ごみ減量推進課）の2018年度の協働研究をベースとしつつ，先述の環境 PJ クラスの授業を組み込み，研究と教育の両輪による試行的な枠組みでの実施とした。その理由は，初のリユース市という試みに臨むにあたって行政機関との協働研究という基盤の安定性と，学生の運営による大学リユース市ならではの趣向を組み合わせ，学生への教育と循環型社会の形成を担う人材の育成を目論んだためである。

協働研究としては，次の３点について明らかにすることを目的とし，大学リユース市の指針を定めるに至った。

１点目は，物品の提供に対する市民の潜在的ニーズについてである。参加者に提供できるリユース品がなくては，大学リユース市を実施することはできない。それも，１つや２つではなく，大学リユース市をお祭り的イベントとして実施するうえで費用対効果の観点からみても，相当規模の物品の提供が求められる。調査した他大学の事例では，学生数が多いことや周辺地域の住民への認知が進んでいることから100以上の物品を収集し，大学リユース市を実施していた。これを踏まえ，京都文教大学で試行的に実施するにあたっては，30品目を取り扱い物品の目標数とし，収集数の目標とした。

２点目は，物品を受け取る側のニーズである。大学リユース市を実施するには，需要のある物品の種類や参加理由，大学リユース市に対する意見や感想等についての調査が必要である。物品の提供者と受け取り者双方のニーズを探ることで，大学リユース市の実現可能性および，効果的な実施形態について探っていくことも必須であり，当日の来場者に人気の物品や，アンケートをとることで，これを測ろうとした。

３点目は，ごみ減量の効果についてである。大学リユース市の実施によって，収集された後に廃棄されずにすむ物品の量を算出することで，宇治市でのごみ排出量の低減効果を検証することとした。

そして，環境 PJ クラスの学生が運営に参加した。さらに，大学とごみ減量推進課がそれを支援することで都市型環境教育の機会とし，その効果を学生への参与観察および提出レポートから見出し，循環型社会形成への期待を探ることとした。

(２)京都文教大学リユース市の実施

本来，大学リユース市とは，大学での新生活のために家具・家電が必要な新入生と，不要になる学生との利害を一致させることにより，ごみの減量化を促進するイベントであり，先述のとおり新入生と卒業生が入れ替わる３～４月の実施が一般的である。

しかし，先述のように，京都文教大学は在学生の自宅通学率が高く，大学の学生数も少ないことから，物品の提供および受け取りを希望する一人暮らしの学生は非常に少ないことが明らかであり，他大学と同様に新入生および卒業生を主な対象者とすると非常に小規模の実施となり，費用対効果に合わないと考えられた。

また，他大学では，大学リユース市は単独のイベントとして実施されているが，宇治市では初の試みとなることから，大学リユース市に対する市民の認知度が低く，単独での開催では来場者の予測が立てられないことも懸念された。

そこで，大学リユース市を京都文教大学で例年12月に実施している「ともいきフェスティバル」内で行うことにより，来場者集客についても一定の見込みを立てつつ，同時に取り組みの範囲を大学の新入生および卒業生以外にも広げ，市民からの物品の提供および受け取りを募る「市民参加型」として実施することとした。

具体的なスケジュールとしては，８月から９月にかけて，取り扱う物品や会場等の基本的な方向性を定め，10月から広報を開始すると同時に，物品提供者からの収集を開始した。広報では，学生に向けては大学内の地域連携部署から，市内に向けては市の公共施設や自治会を中心に広報を行い，物品の収集は宇治市ごみ減量推進課職員によって行うこととした。

環境 PJ クラスは，９月から翌年１月の秋学期に開講され，学生たちには10月の後半から，大学リユース市の概要や仕組みをインプットしてもらい，活動内容に応じたグループ編成を行い，当日に臨んだ。

これらの方策は，前節３項にあげられた課題のうち，実施規模および物品と来場者の確保の課題を解消するためのものであり，運営主体の位置づけの課題についても実験的に設置することで，大学リユースを京都文教大学版および宇治市版にローカライズして実施する際の大きな指針となった。

(3)学生の参加による効果

大学リユース市当日は環境 PJ クラスから11名の学生が参加し，大学教員１名，ごみ減量推進課職員２名を加えた計14名が，スタッフとして運営に携わった。午前・午後の２部制で運営するため，学生は２グループに分かれ，その中で受け付け，フロア誘導，運搬の補助，POP づくり，アンケートの収集等を行った。

それぞれの部は，①物品観覧・投票時間，②抽選，③受け渡し手続きの３つ

図３－３　受け付け投票の様子

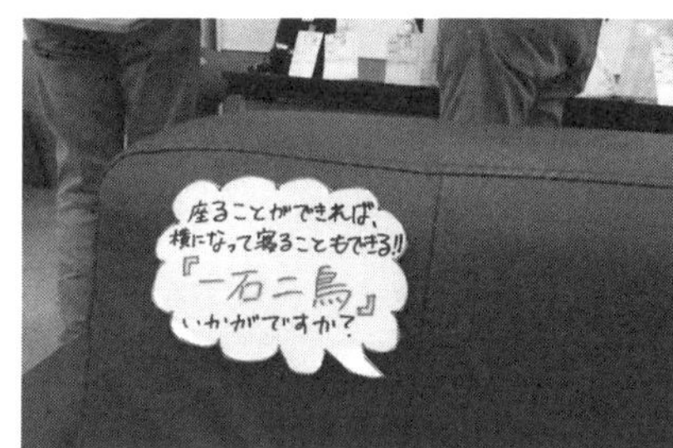

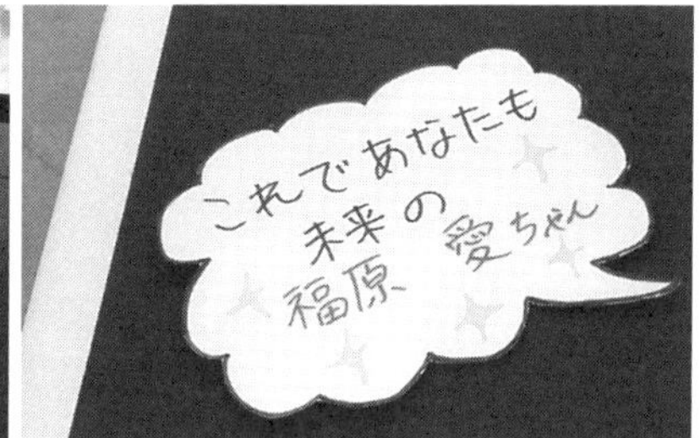

図３－４　POPづくり

の段階によって構成されている。①物品観覧・投票時間は，参加者が会場内に陳列された物品を自由に観覧し，受け取りを希望する物品に投票を行う時間である。

参加者は，受け付けでナンバリングのされたくじを受け取り，希望する物品のペットボトルに投入するというＮ大学の方式を採用した。

Ｎ大学の方式と大きく変えたところは，２部構成にすることにより，午後から来場した人でも参加できるようにし，参加の機会を増やしたことである。そのため，②抽選の時間も２回設け，午前・午後の抽選の時間には，会場を一時封鎖し，来場者を退出させ，③受け渡し手続きでは，再度会場を開放するという方法を採った。

受け付けでは，参加手続きを行うだけでなく，当選物品の受け渡し手続き，受け取り者全員に記入してもらう「瑕疵担保責任免責同意書」，「後日受け取り

表3-3　アンケート設問項目

1．大学リユース市の開催をどちらで知ったか。
2．大学リユース市に来場の理由。
3．欲しいと思った物品はあったか。どのような物品が欲しいか。
4．大学リユース市に，自身の物品を出品したいと思うか。
5．今後の大学リユース市の取り組みについての意見。

申し込み用紙」の案内までを行い，これら大部分を学生が担った。

加えて，フロア誘導や運搬の補助については，事前に学生たちに伝えていたものの，各物品に張り付けるPOPづくりについては，実は当日急遽依頼したものであった。当日は時間に余裕がなかったにもかかわらず，複数の学生たちが次々とユニークな売り文句を形にしていく姿からは，学生たちの柔軟性や創造力が見受けられ，こうした力は大学リユース市という実践の現場であるからこそ発揮されるものだと考えられた。

当日は，計測できた来場者だけでも70人となり，40件のアンケートを回収することができた（実際の来場者数は80～90人と推定)。

アンケートの設問項目（一部）は，表3-3のとおりである。

また，学生には，大学リユース市の運営を行う傍ら，第2節第2項①環境まつりで述べた，市民の環境意識に対する調査を行った。環境に意識の高い層へのアンケート実施場所として環境まつりを選んだのに対し，一般的な環境意識を持つ層へのアンケート実施場所にはともいきフェスティバルを選び，京都文教大学リユース市が行われている会場外で，収集を行った。当初は，単なるアンケート調査の予定だったが，学生たちが自主的に大学リユース市の宣伝も行うようになり，思わぬ効果を生んだことは特筆したい。

5　都市型環境教育の効果と期待

最後に，本節では，環境まつりやSDGsカードゲームワークショップ，大学リユース市といった環境まちづくり活動が，都市型環境教育として，学生たちにどのような影響をもたらし，また，地域に対しても，循環型社会の形成に寄与する要素があるのかを述べて，本章を閉じるものとする。

(1)都市型環境教育による教育効果

３つの活動をとおして共通していたのは，学生たちに多世代での学習機会があったことである。若者の立場からだけでなく親子連れや高齢者の立場から課題について考えたときに，どのような思考プロセスを辿るのか，客観的視点を獲得する傾向が，それぞれのレポートから見受けられる。

また，学生のレポートのうち，京都文教大学リユース市に関する記述では，「若者がこういったリユース市に参加しない最大の原因はメルカリなどのフリマサイトで現金化できることだと思うのでそれ相応のメリットがリユース市には必要だ」「高価なブランド品はごみになることは考えにくい。物の価値がお金に変わるため他人や買取業者に売却し再利用できる。しかし，コンビニなどで物を買えば包装がごみになったり，サービスとして割り箸が付いてくるのが当然であり，簡単に買えてしまう物はごみになりやすい」というように，地域環境問題と自身のライフスタイルとを照らし合わせ，課題に向き合う兆候があらわれている。

上記のように，個人の価値観や現代のライフスタイルへの疑問へ思考が広がることは，公害教育と自然保護教育では見受けにくい環境教育の効果だと考えられる。加えて，それぞれの実践の現場で，柔軟性や情況把握力，創造力を発揮する機会が多くあり，それらの能力に学生自らが気付くことも，環境 PJ クラスのようなアクティブ・ラーニングを重視した教育ならではであるとも考えられる。

一方で，今回のような取り組みは，現場実践型教育の要素も多分に含んでおり，都市型環境教育の効果自体について，構造化は不十分である点も否めない。今後同様の取り組みを重ねることでより精微な分析を進めていきたい。

(2)都市型環境教育による循環型社会形成への道のり

京都文教大学リユース市への来場者から収集したアンケート40件からは，大学リユース市を好意的に捉える意見を確認することができた。具体的には，回答者の75％が大学リユース市への出品を希望しており，55％が次回以降の開催を強く望んでいたのである。また，物品に関しても，収集申込の受け付け期間の45日間に約70件もの問い合わせおよび申し込みがあり，最終的に出品できた46品中38品に受け取り者が現れた。これらの物品は，大学リユース市への出品がなければ廃棄される予定であったことも確認がとれており，じつに軽トラック６台分もの物品が廃棄されずに再利用されるかたちとなった。

地域全体から排出される廃棄物量からすればわずかな量ではあるが，資源の再利用を進める１つのルートであることは明らかとなり，地域住民から取り組み継続への要望の声があったことからも，一定の役割を持つことは証明できたと思われる。

一方で，大学と市の協働体制のもと実施した，受け付け，広報，収集，運営といった各業務には相応のコストがかかっており，費用に見合う効果を生み出せなければ継続することはできない。単純な廃棄コストの削減のみならず，このような活動が，教育的にどのような意味を持つのか，より明確にすることで，こうした課題も解決に向けていきたい。

謝辞

本章で取り扱った，プロジェクト科目（地域）【みんなで学ぶ環境まちづくりクラス】」，協働研究「ごみ減量化に向けた大学リユース市の研究」および「京都文教大学リユース市」において，多大なご協力をいただきました，城南衛生管理組合，宇治市政策推進課，宇治市民環境部ごみ減量推進課，京都文教大学フィールドリサーチオフィスの皆様，そして大学リユース市の実施に際し，物品提供をいただきました地域住民の皆様，当日ご参加いただきました皆様に，あらためて深く御礼申し上げます。

本章において，それぞれの取り組みについては，紙幅の都合上，すべてを書き記すことができず，説明不足の点が多々あることをご容赦ください。

注

(1)　経済産業省が2006年に提唱した「職場や地域社会で多様な人々と仕事をしていくために必要な基礎的な力」。「前に踏み出す力」，「考え抜く力」，「チームで働く力」の３つの能力（12の能力要素）から構成される。

(2)　城南衛生管理組合 web ページ（http://www.jyonaneikan.jp/）

(3)　一般社団法人イマココラボと株式会社プロジェクトデザインにより共同開発されたカードゲーム。自分たちの暮らしと SDGs，世界の変化や可能性を体験的に学ぶことができる。

(4)　一人暮らしだけでなく，親戚・知人宅への下宿，寮やシェアハウス等，実家を離れて生活する者を指す。

参考文献

石田浩基・宇治市市民環境部ごみ減量推進課「平成29年度　大学リユース市の研究報告書」2017年。

――――「平成30年度政策研究『ごみ減量化に向けた大学リユース市の研究』報告書」2018年。

小川潔・伊藤静一「自然保護教育の成立過程」『環境教育』vol. 18-1，29-40頁，2008年。

――――「自然保護教育の原点と環境教育の課題――論点整理と問題提起」『環境教育』vol. 23-1，59-63頁，2013年。

東京学芸大学環境教育「拠点システム」構築事業研究グループ「日本の環境教育概説」2005年。

コラム4

宇治の音風景

馬場雄司
（京都文教大学教授）

宇治にはさまざまな音の宝があふれている。それは自然の音のほか，ものをつくる音，電車の音などの人工的な音も，地域の特色を表す音たちである。また，季節ごとの音や裏通りの意外な音など，音に耳を傾けることで新たな「名所」を発見できる。音の魅力に溢れた宇治の再発見は，宇治のアピールだけではなく，住環境自体を見直すことにもつながる。

地域の音には，宇治川花火大会の音など，消えてしまった音もあれば，今まさに消えてゆきつつある音もある。地域開発や生活スタイルの変化などで音環境が変化していく中で，どのような音を残すべきか，またどのような音を抑えるべきかを考えることは，地域の魅力を引き出し，住みよい地域づくりにも役立つ。

こうした問題意識のもと，2015年に宇治市民参加の「宇治の音風景100選」実行委員会（委員長安本義正京都文教短期大学学長（当時），副委員長：馬場雄司）が設立され，地域の方々からさまざまな音風景を応募していただき，選定を進めてきた。宇治市内のイベント・NPO 団体（「ちはやぶる宇治の未来をつくる会」ほか）・FM うじなどの協力で集めた音から，2018年に入って，とりあえず20選を選定し，宇治の音風景をめぐるシンポジウムを行った。音集め風景は，2018年7月，NHK 番組「京のええとこ連れてって」において報道された。現在，「平和の鐘」（宇治市役所前），「からくり時計」（JR 宇治駅前），「あがた祭」，「宇治田楽まつり」，「興聖寺琴坂の水音」など選定された20選は，冊子にまとめられている。

音収集のプロセスでは，視覚障がいのある方にも協力していただいた。ある時，上記の20選にも含まれている妙なる水音で知られる「琴坂」を訪れたが，その方には，その水音が水道水の音と何らかわらぬものに聞こえたようであった。琴坂は桜，新緑，紅葉など，季節ごとに美しい風景を醸し出している。私たちは音を音だけで聞いているのではない。聴覚はたえず視覚と共にあるのである。琴坂の妙なる水音は，風光明媚な琴坂の風景がつくりだしたのかもしれない。

視覚障がいのある方の感じ方は，こうした視覚優先の世界に疑問をなげかける。視覚以外の聴覚・触覚などにも注意を向け，五感を活性化することで，私たちの周囲の世界はより豊かな姿を現してくるのである。「音100選」ではなく，「音風景100選」である理由もここにある。音のみを取り出すのではなく，音の存在するその場自体を五

音集めイベント「ちはやぶる宇治の音風景」（宇治市内）

感で感じた「風景」としてとらえようとするのである。視覚障がいのある方との音探しは，視覚障がいのある方にもより宇治の観光を楽しんでいただけるスポットを発見することにつながる。

音風景100選プロジェクトは現在も継続中である。「遅々として進んでいる」という感はあるが，今後，視覚障がいのある方との協力も含めて，音（風景）の魅力をさらに探っていきたい。

第4章
文化のまちづくり
——宇治「源氏ろまん」事業を事例として——

本章は，京都文教大学において，筆者と京都府宇治市の文化政策担当職員とで実施した共同研究「宇治市における文化発信イベントの手法研究」（以下，「27年度研究会」）並びに「宇治市における文化政策のあり方に関する研究」（以下，「28年度研究会」）の成果を基に，独自の研究を加え，考察を行ったものである。

筆者は2015（平成27）～2016（平成28）年度の２年間，宇治市の文化事業の対象や参加者が高年齢層に偏りすぎているという課題に基づき，同市の文化政策や文化事業のあり方について，担当課との共同研究を行ってきた。

文化行政の担当課が考える課題は「主催する文化事業の参加者の高齢化」であったが，筆者が研究会での議論や同市の文化事業を観察する中で見つけた仮説は，同市における文化活動が，これまで社会教育・生涯学習と深い関係を持ち，それによって担い手を輩出し，独自の表現活動を生み出してきたにもかかわらず，その「好循環」がこんにち機能しなくなり，文化活動の停滞が起こっているのではないか，ということであった。

そこで本章では，先述の仮説を検証しつつ，地域の文化資源を活かしたまちづくりの在り方について述べていきたい。

1　文化政策の移り変わり

「文化」も「まちづくり」もきわめて広義な意味を持っており，厳密に定義することは難しい。また，その政策や取り組みも多様である。本章では，それらを厳密に定義することは避けるが，おおむね「地域の文化資源を活かしたまちづくり」や「芸術文化を活かしたまちづくり」にあるという点は間違いないだろう。

だが，「文化を活かしたまちづくり」という議論にあたり，まず，まちづくりの文脈で「文化」が着目されるようになった時代背景と変遷について押さえておく必要がある。

戦後復興のため，国主導で始まった「全国総合開発計画（全総）」等，我が国の地域づくりは長らく「開発重視」「ハード重視」であった。だが，1970年代後半あたりから，「地方の時代」「地方分権」の流れを受けて，地域の自主性や創造性に任せた地域づくりが主流になってくる[(1)]。一方，地方自治体においては「行政の文化化[(2)]」の流れを受け，あらゆる行政施策に「文化」の視点が盛り込まれる動きがみられるようになってきた。また，社会においては，「物の豊かさ」よりも「心の豊かさ」を重視する人が多くなったのが1980年前後のことである[(3)]。

1980年代後半のバブル期になると，好景気による豊かな財源を基にした「リゾート法」や「ふるさと創生事業」等，事業アイディアについては地方の自主性にゆだねつつも，「バラマキ型」と揶揄される政策も目立ったが，バブル経済崩壊後の1990年代以降になると，国としては地方分権化，行財政改革が加速する。一方，地方自治体においては，市民活動，NPO の活動がクローズアップされる中で「協働型まちづくり」がブームとなる。とりわけ，環境問題や中心市街地の衰退といった「複雑な問題」においては，行政だけで問題解決にあたることは困難であったこと，また，国，地方自治体とも財政状況が悪化する中で，「コストダウン」を推進する狙いがあったことも否定できない。

2008年，日本の人口はピークに達し，以降，人口減少局面に入る。また，2009年に誕生した民主党政権は，公共領域を官だけが担うのではなく，市民も，NPO も，企業も担うという「新しい公共」という考え方を前面に押し出した。民主党政権は３年あまりで瓦解し，再び自公連立政権となり，東京一極集中を是正し，地方の人口減少に歯止めをかけ，日本全体の活力を上げることを目的とした一連の政策である「地方創生」が推進されているが，地方の人口減少を食い止め，活性化を図ることは容易ではない。

さて，文化政策の観点からみると，2001年，国は文化芸術振興基本法を制定した。なお文化芸術振興基本法は，2017年，「文化芸術基本法」に改められ，現在に至っている[(4)]。だが，文化行政は戦時中の「反省」もあり，国の施策が文化財保護に偏重しすぎていた一方で，地方自治体が国に先んじて行ってきたという歴史がある。国の法整備は，文化政策に関する「お墨付き」を与える一方で，地方の独自性を失わせるという懸念も存在する。

また近年は，都市ブランディングのために文化を積極的に「活用」する動きもみられる。そのことについて否定はしないが，それだけが突出すると，特定の地域やそこに住む人たちだけが文化を享受するという「格差」が生じる。だが文化には一方で，所得や住む場所，おかれた立場によって，それを享受する機会が制限されたり，格差が生じることはあってはならず，だれもが等しく触れたり，また自由に表現することができる権利が存在する[(5)]。国の法律，自治体の条例整備はたしかに進んできたといえるが，こうした課題が未だ存在するのが現状といえよう。

2　岐路に立つ宇治市の文化行政

宇治市において，おもな文化行政，文化事業を管轄しているのは，産業地域振興部文化スポーツ課である。文化スポーツ課[(6)]のおもな業務としては，①芸術および文化の振興に関すること，②スポーツの推進に関することとなっている。文化スポーツ課は文化係とスポーツ係とに分かれており，文化行政については文化係が担当している。

文化政策と関連する施策・事業を担当する部署としては，公民館を管轄する生涯学習課は教育委員会教育部に，源氏物語ミュージアム・生涯学習センター・宇治市図書館・歴史資料館は教育委員会にそれぞれ置かれている。なお，観光行政は産業地域振興部観光振興課，文化財行政と景観行政は都市整備部歴

表4－1　文化の対象分野と例示

対象分野	例　示
芸術	文学，音楽，美術，写真，演劇，舞踊，メディア芸術など
宇治の特色を持った歴史的・文化的資産	世界遺産（平等院・宇治上神社）や源氏物語の古跡をはじめとする，有形・無形の文化財，建造物，食文化，生活文化，地域文化など
豊かな自然や人々の生活とともに形成されてきた魅力ある風景，景観，まちなみ	国選定重要文化的景観「宇治の文化的景観」（宇治川の自然景観，平安時代を引き継ぐ歴史景観，宇治茶の生業景観）など
伝統的祭事・行事	県祭り，茶まつり，鵜飼，宇治田楽まつりなど
市民文化を振興する施設，教育・研究機関	宇治市文化センター，生涯学習センター，源氏物語ミュージアム，歴史資料館，公民館，コミュニティセンター，集会所，図書館，学校など
文化にかかる人材，市民の文化活動	

（出所）平成27年度ともいき研究「宇治市における文化発信イベントの手法研究」第1回研究会配布資料より，筆者作成。

史まちづくり推進課が管轄している。以下の宇治市における「文化のおもな対象分野」（表4－1）を見ても，担当部署は文化スポーツ課のほか，教育委員会，観光振興課，歴史まちづくり推進課に分散していることがわかる。

なお，宇治市では「文化」について，以下のように定義している(7)。

豊かで人間性あふれる生活を実現するために行う活動やその成果，創造物などを文化とよぶ。
文化は，個人の内面だけでなく，集団や社会へと浸透していく影響力を持つ。
文化とは，広義においては，社会において共有され，蓄積される，人間の生活にかかわるものすべてを指す。
人間をとりまく自然環境や歴史をかけて培われてきた伝統など，様々な要素が影響を与え合い，形成されていく営みが文化である。

次に，宇治の文化政策について見ていこう。
文化活動の範囲については，以下を挙げている。

表4－2　政策目標の3本柱

感　動	・暮らしの中で文化に親しむことができる ・自然やまちなみを守り，未来へと受け継いでいく ・宇治の特色ある文化が大切にされている
育　成	・自発的な文化活動があり，市民が参加できる ・文化の担い手となる人材がいる ・文化的資産が生かされた，魅力ある宇治のまちがある
交　流	・文化情報が広く市民に行き渡り，市外へも発信している ・文化の多様性を認め，活発な交わりを促進する ・過去から続く伝統を大切にし，次世代に継承する

（出所）表4－1と同じ。

「創作」「発表」「鑑賞」「体験」「交流」「保存・継承」「調査・研究」「顕彰」「普及」「支援」等の様々な活動を含む。

また，宇治市における文化振興の目標は「感動」「育成」「交流」の3本柱からなり，それぞれの政策目標を表4－2のとおりとしている。

文化振興計画や文化振興条例の類は長らく未制定であったが，2019（令和元）年12月，「宇治市文化芸術振興条例」が制定，施行されている。

宇治市の文化事業，とりわけ文化自治振興課が所掌する文化事業は表4－3のとおりである。表4－3では，「事業」と文化振興の「目標」でマトリクスを作成し，どの事業がどの政策目標に当てはまるものなのか，文化事業と先述の文化振興との関係を整理した。

宇治市では現在，行政組織として文化政策を管轄する部署と社会教育・生涯学習を管轄する部署とは分かれている。こんにちにおける「文化行政は首長部局，教育は教育委員会」といった“棲み分け”については，もともと教育委員会の管轄下にあった文化行政を教育行政と切り離すべしといった，1980年代以降活発となった言説が影響していることは想像に難くない。具体的には，梅棹忠夫が教育の機能はチャージ（充電）であるが，文化の機能はディスチャージ（放電）であるため，チャージをモットーとする教育委員会が文化を取り扱うことは矛盾していると論じたこと（梅棹，1993）や，松下圭一が「国民主権の

表 4-3　宇治市の文化事業（文化自治振興課所掌分）と文化振興の関係

目標 ＼ 事業		イベント実行委員会	文学賞・市民文化賞	宇治十帖スタンプラリー	贈呈式及び記念イベント	宇治田楽まつり	少年少女合唱団	ロビーコンサート	市民文化芸術祭	子ども手作り文化祭	文化団体育成及び連絡調整	文化事業市後援業務	文化センター	芸術文化協会
感動	暮らしの中で文化に親しむことができる	○	◎	◎	◎	◎	○	●	●	●	○	○	◎	○
	宇治の特色ある文化が大切にされている	○	●	◎	◎	●								
	自然やまちなみを守り，未来へと受け継いでいく			◎										
育成	自発的な文化活動があり，市民が参加できる	○	●	◎	◎	●	●	●	●	●	◎	●	◎	○
	文化的資産が生かされた，魅力ある宇治の街がある	○		●		◎								
	文化の担い手となる人材がいる	○	◎		○	●	◎	◎	●	○	◎			●
交流	文化情報が広く市民に行き渡り，市外へも発信している	◎	●	●	●	●	●	◎	◎	◎		○	◎	
	文化の多様性を認め，活発な交わりを促進する	◎							◎	○		○	●	●
	過去から続く伝統を大切にし，次世代に継承する	◎	◎	◎	◎	●	◎		○	○	○			◎

（注）●＝非常に当てはまる　◎＝当てはまる　○＝目標に沿った事業である
（出所）表 4-1 と同じ。

主体である成人市民が，国民主権による『信託』をうけているにすぎない，道具としての政府ないし行政によってなぜ『オシエ・ソダテ』られなければならないのだろうか」（松下，2003，3 頁）と問題提起したうえで，都市型社会に入った日本社会において，未だ公民館という社会教育施設が，基礎教育を終えた成人市民を職員が“教育”ないしは“指導”するといった社会教育行政の行き詰まりや，カルチャーセンター化した公民館活動等，社会教育行政理論がかたちづくる公民館の理想と現実との間にあるズレを指摘したことなどがある（松下，

2003)。

だが実際は，担当する施策や事業が関連部署に振り分けられただけという“中途半端な棲み分け”がなされてきたにすぎない，と見ることもできる。

佐藤郁哉は，行政組織全体の中で文化担当部局が周辺的な位置づけのままにとどまり，固有の政策領域とそれに対応した確固たる組織基盤や法律的根拠を確立できなかったことを指摘した（佐藤郁哉，1999，211-212頁)。野田邦弘は，行政の仕事は垂直的なヒエラルヒー組織の中における事業分掌によって行われるため，特定の事務事業は必ずどこかの単位組織の担当となることや文化行政の矮小化の問題について指摘している（野田，2014，30-31頁)。また小林真理は，実際の地方自治体での組織改編は，社会教育に文化振興の部局を残しながら，新たな文化関連部局を首長部局に設置するなどの措置がなされたことから，何をどこまで所管するのか区分けが十分になされないままに「文化行政」が行われてきた（小林，2016，271頁）といった問題があることを指摘している。

一方で，佐藤一子は梅棹の「教育はチャージ，文化はディスチャージ」に代表される教育行政と文化行政を分立させるような考え方を見直すべきと指摘する（佐藤一子，2016a，17頁)。社会教育行政と地域文化振興が架橋されてこそ，地域文化の担い手形成が促進される（佐藤一子，2017，２頁）というその主張は，人口減少社会となった日本の，とりわけ地方都市における文化政策のあり方として，今後着目すべきであろう。

3　宇治の文化を活かす「源氏ろまん」事業
――「紫式部文学賞・市民文化賞」と「宇治十帖スタンプラリー」を中心に――

(1)「源氏ろまん」

宇治市では，1991（平成３）年に誕生した「紫式部文学賞・市民文化賞」を，単なる「文学賞づくり」にとどめず，総合的なまちづくり施策として展開することが重要な課題であった。また，地域文化の向上，観光の振興，市民のふるさと意識の醸成などの上で意義があり，かつ継続的で市民の間に定着しうる内容であること，さらには美しい自然景観や歴史的な風土，優れた文化財などの宇治の特性を余すところなく活用することも大切な要素として検討を加えた結果生まれた企画を「源氏ろまん」とした[(8)]。この「源氏ろまん」は,「紫式部文学賞・市民文化賞」関連事業のほか,「源氏物語セミナー」「宇治田楽まつり」「宇治十帖スタンプラリー」を位置づけている。

(2)紫式部文学賞・市民文化賞

「紫式部文学賞」は，伝統ある日本女性文学の継承・発展と，市民文化の向上に資することを目的に，また「紫式部市民文化賞」は，数々の古典文学の舞台となった宇治市の文化的伝統の継承・発展を図り，市民文化の向上に資することを目的に，1991（平成3）年より，宇治市，宇治市教育委員会が主催し，それぞれ前年に刊行された女性作家による文学作品，市民による新作または前年度に刊行された文学作品及び研究作品を対象に贈る賞で，2020（令和2）年で30回を数える。文学賞受賞者には正賞として紫式部をイメージしたブロンズ像と副賞として賞金200万円が，また市民文学賞受賞者には正賞として紫式部をイメージしたブロンズ像と副賞として賞金30万円が授与される。なお，毎年11月には，紫式部文学賞・市民文化賞の受賞者に対しての贈呈式並びに講演会等を中心とした「記念イベント」が催されていたが，2017（平成29）年の第27回を最後に「記念イベント」はなくなり，2018（平成30）年の第28回では，「紫式部文学賞受賞作品発表・贈呈式」と，それとは別日に「紫式部市民文化賞受賞作品発表・贈呈式」と「紫式部文学賞受賞者講演会」が開催された。そして2019（令和元）年の第29回大会は，紫式部文学賞・市民文化賞作品発表と，別日に両賞の贈呈式と紫式部文学賞受賞者講演会が同日に開催された。また第28回以降，贈呈式観覧希望者の募集を取り止めるなど，関連行事の内容や運営方法に試行錯誤が見られるようになっている[(9)]。

「紫式部文学賞・市民文化賞」は，1989（平成元）年，当時の竹下内閣の政策である「ふるさと創生事業」で交付された1億円を元手に宇治市が創設した「宇治市ふるさと創生基金」の使途について市民からアイディアを募り，その中から選ばれた最優秀賞である。その他の優秀賞として「お茶の歴史資料館」

表４-４　紫式部市民文化賞の応募状況

	第１回			第２回			第３回			第４回			第５回			第６回			第７回			第８回			第９回		
	男	女	計	男	女	計	男	女	計	男	女	計	男	女	計	男	女	計	男	女	計	男	女	計	男	女	計
10歳未満	0	0	0	0	0	0	0	0	0	0	0	0	0	0	0	0	0	0	0	0	0	0	0	0	0	0	0
10代	0	0	0	0	1	1	1	2	3	2	2	4	1	1	2	0	2	2	0	1	1	0	0	0	2	1	3
20代	0	6	6	0	1	1	0	1	1	1	0	1	0	3	3	2	3	5	0	2	2	0	3	3	2	1	3
30代	3	7	10	1	1	2	0	1	1	1	1	2	1	2	3	1	0	1	1	1	2	1	3	4	1	4	5
40代	9	12	21	4	10	14	3	4	7	3	1	4	4	3	7	5	0	5	3	1	4	4	3	7	1	2	3
50代	9	10	19	3	4	7	5	2	7	3	5	8	7	2	9	5	5	10	4	5	9	7	4	11	5	5	10
60代	16	5	21	2	3	5	2	2	4	7	7	14	3	4	7	7	5	12	5	7	12	5	5	10	11	6	17
70代	2	6	8	0	6	6	0	2	2	4	6	10	4	1	5	1	3	4	6	3	9	5	5	10	2	5	7
80代	2	2	4	1	2	3	2	0	2	1	0	1	1	0	1	2	1	3	1	1	2	3	2	5	2	1	3
90代	0	1	1	0	0	0	0	0	0	0	0	0	0	0	0	1	1	2	1	0	1	0	0	0	1	1	2
100歳以上																											
団体																											
合計	41	49	90	11	28	39	13	14	27	22	22	44	21	16	37	24	20	44	21	21	42	25	25	50	27	26	53

	第10回			第11回			第12回			第13回			第14回			第15回			第16回			第17回			第18回		
	男	女	計	男	女	計	男	女	計	男	女	計	男	女	計	男	女	計	男	女	計	男	女	計	男	女	計
10歳未満	0	0	0	0	0	0	0	0	0	0	0	0	0	0	0	0	0	0	0	1	1	0	0	0	0	0	0
10代	1	3	4	1	0	1	0	1	1	0	1	1	0	0	0	0	1	1	0	2	2	0	2	2	0	1	1
20代	1	3	4	0	2	2	0	0	0	1	1	2	0	5	5	1	5	6	2	6	8	0	5	5	0	0	0
30代	1	2	3	1	3	4	2	4	6	2	4	6	0	2	2	1	2	3	1	1	2	1	2	3	1	2	3
40代	3	2	5	3	0	3	1	3	4	1	3	4	0	4	4	0	3	3	1	2	3	0	2	2	0	4	4
50代	6	5	11	6	2	8	3	7	10	5	4	9	5	1	6	5	2	7	6	6	12	7	3	10	7	3	10
60代	4	7	11	6	6	12	7	5	12	11	4	15	15	4	19	9	10	19	8	7	15	7	3	10	7	7	14
70代	6	4	10	7	3	10	3	5	8	5	2	7	7	6	13	6	3	9	6	4	10	4	1	5	4	5	9
80代	1	3	4	1	2	3	2	3	5	1	1	2	2	2	4	0	2	2	2	6	8	3	3	6	3	1	4
90代	0	0	0	0	0	0	0	0	0	0	0	0	0	0	0	0	0	0	0	0	0	0	0	0	0	1	1
100歳以上													0	0	0	0	0	0	0	0	0	0	0	0	0	0	0
団体												3			4			5			5			7			6
合計	23	29	52	25	18	43	18	28	46	26	20	49	29	24	57	22	28	55	26	35	66	22	21	50	22	24	52

	第19回			第20回			第21回			第22回			第23回			第24回			第25回			第26回		
	男	女	計	男	女	計	男	女	計	男	女	計	男	女	計	男	女	計	男	女	計	男	女	計
10歳未満	0	0	0	0	0	0	0	0	0	0	0	0	0	0	0	0	0	0	0	0	0	0	0	0
10代	0	3	3	2	0	2	1	2	3	1	2	3	4	3	7	1	1	2	2	2	4	2	2	4
20代	1	1	2	0	0	0	0	2	2	0	0	0	0	0	0	0	2	2	0	0	0	1	0	1
30代	2	3	5	2	4	6	0	1	1	0	5	5	1	1	2	0	1	1	1	1	2	0	1	1
40代	2	4	6	1	5	6	3	4	7	3	3	6	1	1	2	0	1	1	0	5	5	0	3	3
50代	0	8	8	2	3	5	1	6	7	3	3	6	1	5	6	1	4	5	2	2	4	2	2	4
60代	9	2	11	10	5	15	16	1	17	14	8	22	14	10	24	9	5	14	7	3	10	8	4	12
70代	8	2	10	8	2	10	8	3	11	8	1	9	9	4	13	13	3	16	8	3	11	8	6	14
80代	4	3	7	2	5	7	5	1	6	4	1	5	2	1	3	0	2	2	1	1	2	3	3	6
90代	0	2	2	0	1	1	0	1	1	1	1	2	1	1	2	0	0	0	0	0	0	1	0	1
100歳以上	0	0	0	0	0	0	0	0	0	0	0	0	0	1	1	0	0	0	0	0	0	0	0	0
団体			7			8			3			4			3			7			5			4
合計	26	28	61	27	25	60	34	21	58	34	24	62	33	27	63	24	19	50	21	17	43	25	21	50

（注）　第１回は１人複数応募可能であった。また，共著があるため，応募数とは一致しない。

や「過疎地の振興と野外活動施設」があったが，この時の「宇治市ふるさと創生」アイデア審査委員会（以下，「アイデア審査委員会」）委員長の上田篤京都精華大学教授（当時）は，文学賞を選考した理由として「紫式部が『源氏物語』の締めくくりの場所として選んだ宇治のもつ，日本文化の根源にも関わるような豊穣なイメージを，まず市民が自覚し，ついで全日本の，やがては全世界のものにしていくという責任と誇りを全市民が共有したいという願いを込めて最優秀賞に選んだ」と述べている。[10]

また当時，アイデア審査委員会委員に名を連ねていた織田直文によると，1980年代当時，「文学賞ブーム」があったことも，賞の創設を後押ししたのだという。そこには，文学賞の創設によって，地域のイメージアップに寄与することや，文学と人々との関わりの問題として，文学をより自分たちの身近なものにしつつある現象があったことを指摘している（織田，1990，45-56頁[11]）。

このような「崇高な」理念と，当時の時代背景にも後押しされて創設された文学賞，そして同時に創設された市民文化賞であるが，こんにち，文学賞は女性作家の登竜門的役割も果たし，作家にとってもその受賞がステータスになっている。また出版業界からも注目される賞になっている。[12]

一方，紫式部市民文化賞の性別年代別応募状況は表４－４の通りである。１人複数作品の応募が可能であった第１回を除き，応募数に大きな変化は見られないが，応募者の年代別に見ると，開始当初40代前後の応募者が多かったが，近年では70代前後の応募者が中心となっている。

(３)宇治十帖スタンプラリー

「宇治十帖スタンプラリー」とは，源氏物語の『宇治十帖』の古跡を中心に，世界文化遺産に登録されている宇治上神社，平等院をはじめ，市内の史跡や宇治の自然をめぐるスタンプラリーである。宇治十帖の古跡を中心に回る「基本コース」（10ポイント，約4.5km）と基本コースに加え，史跡や自然景観も訪ね歩く「健脚コース」（22ポイント，約13.5km）の２コースが設定されている。主催は宇治市，宇治市教育委員会，紫式部文学賞イベント実行委員会，宇治市観光協会で，毎年10月下旬から11月上旬の土曜日，日曜日，祝日の５日間程度に設定されることが多い。基本コースの10カ所，健脚コースの22カ所のポイントでスタンプを押し，いずれかのコースの全ポイントを踏破すると記念品がもらえるというものである。

開催時期が近くなると，市内の駅や公共施設等で地図とスタンプ帳を兼ねたパンフレットが配布されるほか，開催当日には駅前でパンフレットが配布されることもあり，「たまたま宇治に来た」という人でも参加できる気軽さも手伝って，1995年の第５回以降，１万人を超え，２万人前後の参加者がある年も出てきている。

年齢層は60代がもっとも多いが，家族連れや孫と一緒に歩く姿も多く見受けられ，比較的幅広い年代の人たちが参加している。また，参加者の居住地は，宇治市内からの参加がもっとも多く，６割近くを占め，京都市や府内近隣市町を含めると77％を超えることから，近隣からの参加者が多いイベントであるといえる。[(13)]

イベントとしては，まずまずの成果を上げているといえるが，担当課によると，アンケート結果等から，「健康づくり」や「参加賞獲得」，あるいは「お楽しみ抽選会」を参加の楽しみにあげている人が多いことがわかってきたので，文化行政としてこのイベントに携わる意味合いが希薄になっているという。

(４) その他の事業

1) ロビーコンサート

ロビーコンサートとは，宇治市役所のエントランスホール（市民交流ロビー）において，毎月１～２回程度，昼休みに30分程度開かれるミニコンサートのことであり，担当課である文化自治振興課単独の自主事業である。

出演者の多くが，宇治市在住・在勤のアマチュア音楽家，音楽サークル，大学等で音楽を学んだりクラブに所属している人たちである。そのためか，来場の理由としては「内容に興味がある」がトップで，以下「出演者の知り合い」や「出演者に興味がある」と答えている人が続く。「たまたま市役所に用事があって来ていたから」と答えた人は多くないこと，そして年齢層は60代以上が多いのは，ロビーコンサートを観るために来庁している人が多いこと，平日の昼間に実施しているためであると考えられ，市民にとって，気軽に文化を楽しむ機会になっていることがうかがえる[14]。

2008（平成10）年度から始まり，2019（令和元）年12月には開催回数が340回を超えた。

担当課は，ロビーコンサートについては「特段の課題はない」という認識を持っており[15]，かつ来場者からの評価も高いことから[16]，施策としては，「成功している」と捉えているようである。

2）その他

その他，文化スポーツ課が担当する事業としては，「宇治田楽まつり」「少年少女合唱団」「市民文化芸術祭」「子ども手づくり文化祭」などがあるが，「27年度研究会」「28年度研究会」では研究対象としなかったため，本章においては対象から外している。

4　宇治市の文化事業の評価
——金沢市・岡山市との比較をもとに——

本節では，「源氏ろまん」事業のうち，「紫式部文学賞・市民文化賞」と「宇治十帖スタンプラリー」の調査を踏まえた評価について述べる。

調査方法は，27年度研究会，28年度研究会のうち，①筆者が作成した研究会の議事録の分析，②調査対象とした宇治市が主催[17]し，「源氏ろまん」に位置づけられている２つの文化事業「紫式部文学賞・市民文化賞」「宇治十帖スタンプラリー」の参加者アンケート結果並びに参与観察や関係者インタビューといった調査結果をもとに，考察を加えたものである。

（1）紫式部文学賞・市民文化賞

先述のように，「紫式部文学賞・市民文化賞」は，1989（平成元）年，当時の竹下内閣の政策である「ふるさと創生事業」で交付された１億円を元手に宇治市が創設した「宇治市ふるさと創生基金」の使途について市民からアイディアを募り，その中から選ばれた最優秀賞が元になり，1990（平成２）年創設，翌1991（平成３）年から選考を開始している。

紫式部市民文化賞も，文学賞と同時に創設された。こちらも1990（平成２）年創設，翌1991（平成３）年から選考を開始し，2020（令和２）年で30回を数える。

市民文化賞の応募作品は，第１回目こそ100作品を超える応募[(18)]があったものの，その後は40〜60作品程度で推移しており，その応募者も近年は高齢化が進み，60代以上が半数近くを占める状態である（表４-４参照)。「文学賞ブーム」の時代，まだ若かった人たちも「高齢者」と呼ばれる年代になっているし，当時よりも現在，若い世代の「活字離れ」は進んでいることであろう。また，贈呈式・記念イベントの来場者も，アンケート結果からは60代以上が圧倒的に多くなっており[(19)]，その来場者数は，記念イベントの講演者によって大きく左右されるのが現状である[(20)]。

それでも，応募者にとって市民文化賞受賞は名誉なことのようである。2015年度の第25回紫式部市民文化賞受賞者は，市民文化賞について，市民への文化顕彰としての役割を果たしていることや，毎回いろいろな作品が受賞することが刺激となり，市民にとって目指したくなる賞になるという，継続することによって生まれた賞のよさがあると語っている[(21)]。

また，2016年度の第26回紫式部市民文化賞受賞者は，贈呈式のコメントで以下のようにその喜びを口にしている。

> こんなに晴れがましい場で，身に余る賞をいただいた。受賞が決まって考えていたのは「私一人がいただいていいのか」ということ。今まで働きながら文を書いてきたが，文学的なことを何もわからない中で，ここまで育ててくれたのは公民館にある「ゆりの集い」（文章サークル）のメンバーである。「ゆりの集い」とメンバーを褒め称えていただきたい。

いずれも受賞者は，長年の活動成果が評価されたことについての喜びや賞の価値，意義を素直に口にしていることがわかる。

受賞者の声に対し，審査員の講評は，第25回と第26回との間では若干の「揺れ」が見られる。以下，比較してみよう。

①第25回紫式部市民文化賞

43作品の応募。例年50近くの応募があるのに比べるとちょっと少ない。今年の特徴として，ジャンルでは研究，ノンフィクションが多かった。年代構成で見ると60歳以上が圧倒的に多く23作品。一方で10代も４人いた。（中略）

宇治は公民館活動が盛んで，そこから生まれた「特別賞」が多かったが，近年それがなくなってきた。そんなとき，歴史の浅い川柳の同好の志たちが「創作そのものを楽しんでいる」ことが評価のポイントとなった。

②第26回紫式部市民文化賞

最初の頃（市民文化賞創設当初）は公民館活動や勉強会が記念誌的に発表したものが受賞されるケースが多かった。市民文化賞の土壌は公民館活動にあると思うが，近年その傾向が弱まっていた。「そろそろ（公民館活動も）下火？」と思っていたら，今年，中央公民館の「ゆりの集い」から育った方の作品が受賞された。

このように，公民館活動の「退潮」について両年で評価が割れているのである。当初，紫式部市民文化賞は，公民館活動から生み出された「成果」が中心であったものが，近年はそれ以外の多様な分野からも選ばれるようになってきている。だが公民館活動もまだ引き続き宇治市の文化活動の重要な担い手を輩出している，と読むことができようか。

筆者ら研究メンバーは，他都市における文学賞の事例研究を目的に，27年度研究会では金沢市[(22)]，28年度研究会では岡山市[(23)]を視察訪問し，それぞれ担当課に対し，インタビューを実施した。金沢市には，1973（昭和48）年から続く文学賞の草分け的存在ともいえる「泉鏡花文学賞」が存在する。また岡山市は地元出身の児童文学者・坪田譲治の名を冠した「坪田譲治文学賞」を1984（昭和59）年に制定している。

また，市民を対象とした賞として，宇治市は「紫式部市民文化賞」，金沢市は「泉鏡花記念金沢市民文学賞」，岡山市は「市民の童話賞」を文学賞と合わせ，それぞれ制定している。

表４－５，表４－６，表４－７は，宇治市の「紫式部文学賞・紫式部市民文化賞」，金沢市の「泉鏡花文学賞・泉鏡花記念金沢市民文学賞」，そして岡山市の「坪田譲治文学賞・市民の童話賞」を比較したものである。

（2）3市の比較

３市の文学賞及び市民を対象とした賞を比較すると，「文学賞」については大きな違いは見られなかったが（表４－５），宇治市の「紫式部市民文化賞」，金沢市の「泉鏡花記念金沢市民文学賞」，岡山市の「市民の童話賞」（以下，「市民文化賞」と総称する）を比較するといくつかの違いがみられる。また，これらの賞に付随して実施される「イベント」については大きな違いがみられた（表４－６，表４－７）。

まず，３市の市民文化賞の比較だが，宇治市と金沢市の市民文学賞については，対象作品として宇治市が「文学作品や研究成果」としている一方で，金沢市が「文芸作品」と限定している以外に受賞対象者や審査基準に大きな違いはみられないが，岡山市の市民文化賞は，対象作品が「童話・児童文学」ということもあり，「小中学生の部」が存在することが独特であり，そのことが，学校を通じてではあるが，新たな応募者を発掘することにつながっているといえよう。

また，「イベント」については，金沢市が５年に１回開催される「金沢泉鏡花フェスティバル」，岡山市が「瀬戸内ブッククルーズ」といった，表現活動や参加型のイベントを実施しているのに対し，宇治市は「記念イベント」（第

表４－５　宇治市・金沢市・岡山市比較表（文学賞）

	宇治市　紫式部文学賞	金沢市　泉鏡花文学賞	岡山市　坪田譲治文学賞
設置根拠	宇治市紫式部文学賞及び紫式部市民文化賞に関する要綱（平成３年）	鏡花文学賞条例（昭和48年）	岡山市文学賞条例（昭和59年）
対　象	作者が女性であり，前年に刊行された日本語作品で，全国の作家や出版社，宇治市民推薦人等から推薦された作品。	８月１日を基準日とし，前１年間に刊行された文芸作品（小説・戯曲など）の中からロマンの香り高い優秀作品。	９月１日を基準日とし，前１年間に刊行された文学作品。コンセプトは大人，子どもも共有できる世界を描いた作品。
作品の募集【推薦】方法	全国の作家，文芸評論家，出版社，市民推薦人	・文芸関係者，出版社からの推薦 ・推薦人，選考委員の推薦選考	・主に予備選考委員（非公開）から推薦された作品 ・全国の作家，児童文学者，出版社，マスコミ ・自薦
例年の推薦結果数	50～70作品	50作品前後	約100作品
賞	正賞　紫式部をイメージしたブロンズ像 副賞　賞金200万円	正賞　八稜鏡 副賞　賞金100万円	正賞　賞状及び記念品（メダル『鳥の少年』蛭田二郎作） 副賞　賞金100万円
選考方法	①推薦委員へ推薦作品を送付 ②推薦委員から候補作品の推薦＋数作品に絞る（12～14作品） ③推薦委員会で数作品に絞り，選考委員会へ推薦（５～７作品） ④選考委員会で決定	①選考委員及び全国推薦人に推薦依頼 ②推薦委員会（４回） ③選考委員会で決定	①予備選考委員の推薦作品を事務局で取りまとめ ②予備選考会（年４回，東京） ③５作品程度に絞り，本選考委員へ事前送付 ④選考委員会で決定
選考委員	落合恵美子，川上弘美，鈴木貞美，竹田青嗣，村田喜代子	五木寛之，村松友視，金井美恵子，嵐山光三郎，山田詠美，綿矢りさ	阿川佐和子，五木寛之，川村湊，中脇初枝，西本鶏介，森詠，森絵都

（出所）　2016年度岡山市視察時配布資料ならびに宇治市，金沢市，岡山市ウェブサイトより作成。

表4－6　宇治市・岡山市・金沢市比較表（贈呈式・記念行事）

	宇治市（第26回〔平成28年度〕実績）	金沢市（第43回〔平成27年度〕実績）	岡山市（第31回〔平成28年度〕実績）
他の事業との関連	「源氏ろまん」事業 ・宇治田楽まつり ・源氏セミナー ・宇治十帖スタンプラリー	1992年から5年に1度「金沢泉鏡花フェスティバル」を開催	文学賞にちなんだ市内書店や飲食店等とのコラボレーション企画「岡山文学フェスティバル」は平成27年度で終了。平成28年度からはそれに代わる企画として「瀬戸内ブッククルーズ」を実施。市内書店における「坪田譲治文学賞受賞作品フェア」は引き続き実施。
周年事業	10周年：記念誌 記念イベント：基調鼎談，記念フォーラム（市政50周年記念，お茶席（500席限定）） 20周年：記念誌 「平安の世へ誘う雅楽演奏」 「源氏物語の女性をいける」 「源氏物語の世界観を描く」 雅楽・舞，いけばなパフォーマンス，ライブペインティング，展示	45周年事業 「第5回金沢戯曲大賞」作品を，第6回金沢泉鏡花フェスティバルで公演	30周年記念事業 朗読『壇ふみ　坪田譲治を読む』
通　常	〈第27回まで〉 ・贈呈式 ・著名人による講演等 〈第28回から〉 ・贈呈式（閲覧募集なし） ・受賞者講演会	・授賞式 ・受賞者記念スピーチ	・贈呈式 ・講演会
募集人数	1000名（2017年度まで）	400名	700名（2016年度）
会　場	〈第27回まで〉宇治市文化センター 〈第29回から〉宇治源氏物語ミュージアム（贈呈式は観覧希望者の募集なし）	金沢市民芸術村パフォーミングスクエア	事業規模に応じて市有施設を選定。2016年度は岡山市立市民文化ホール

（出所）　表4－5と同じ。

表４-７　宇治市・岡山市・金沢市・比較表（市民文学賞・市民の童話賞・市民文化賞）

	宇治市　紫式部市民文化賞	金沢市　泉鏡花記念金沢市民文学賞	岡山市　市民の童話賞
設置根拠	宇治市紫式部文学賞及び紫式部市民文化賞に関する要綱（平成３年）	鏡花文学賞条例施行規則（昭和48年）	岡山市文学賞条例（昭和59年）
対　象	市内在住・在勤・在学者。 ・他薦可能 ・新作または前年度に刊行されたもの ・文学作品に限らず，研究作品等も対象	市内在住・在勤・在学者（過去に居住・在勤・在学していた者を含む） ８月１日を基準日とし，前１年間に刊行，制作された文芸作品	・小中学生の部：小中学生。夏の課題とされるケースが多い ・一般の部：市内在住・在勤・在学者。高校生，専門学校生から一般まで。
応　募	応募数：50作品前後 年代：10代～80代（応募者は60代以上が75％）	応募数：30作品前後	応募数：400作品前後 年代：小中学生～一般
選考委員会	木股知史，塩見啓子，鈴江満，坪内稔典，外山敦子，中川成美，山路興造 （開催時期） 第１回：４月上旬～中旬 第２回：８月中旬～下旬 （開催場所） 第１回：京都駅周辺 第２回：宇治市内	金沢市及び近郊在住の文学関係者及び学識経験者の中から委嘱	一般の部：みごなごみ，村中李衣，森田恵子，山本和雄 小中学生の部：片山ひとみ・中川貴夫・西村百代・星野佳之 開催回数について 小中学生の部：予備選考会１回，本選考会１回 一般の部：予備選考会２回，本選考会１回 選考の方法 小中学生の部：予備選考会において，学校司書約15名にて分業して選考 一般の部：高校教諭を中心に７名程度で予備選考を行う 場所：すべて岡山市内
賞	２作品以内 正賞：紫式部をイメージしたブロンズ像 副賞　賞金30万円 ※平成６年度からは選考委員特別賞を設置	２作品以内 正賞：八稜鏡 副賞：賞金30万円	〈小中学生の部〉 入選（５名程度） 賞状，図書カード5000円分 佳作（若干名） 賞状，図書カード3000円分 〈一般の部〉 最優秀（１名） 賞状，盾，図書カード３万

			円分 優秀（2名） 賞状，図書カード1万円分 入選（若干名） 賞状，図書カード5000円分
書籍化	受賞作品をそれぞれ書籍化（未発表のもの） 原則校正（編集）なし 実費販売 市役所のみで販売（郵送可） 作成部数200部	原則，製本・出版されたものが対象	仕様書に基づき作成。A5版縦160頁，並製本，400部（但し，別紙出版覚書に基づいて，別に300部を発行し，書店販売すること），本文黒一色　カバー4色刷 原則として原文のまま。但し出版上必要な校正，ルビ等は第1校から入れる。作品によっては挿絵が入る場合がある。

（出所）　表4-5と同じ。

27回で終了）という「受け身の」イベントであることが大きな違いであることがわかる。そのことははからずも宇治市の「記念イベント」が「マスメディア等に露出度の高い有名人」がゲストでなければ，受賞関係者以外の集客が見込めないという問題として露見していることからもわかる。

5　新たな宇治市の文化政策に向けて

これまで見てきたように，他都市との比較も試みながら，宇治市の文化事業，文化政策について考察し，今後の提案を行う。

たしかに，宇治市として認識していた「事業参加者の高齢化」という問題は存在する。それには次のような要因があげられよう。

(1)急速に都市化・発展したゆえの問題

宇治市の文化行政の担当課，また公民館活動を行っている人たちとの対話，市民文化賞における審査員講評，またフィールドワークを通じて，これまで宇治市においては，公民館活動が市民の文化環境の充実に寄与してきたことがうかがえた。

宇治市は，1960～1970年代に宅地化が進み，人口が急増した。当時は若い住民が多く，また新しく宇治市に移り住んできた人たちは，生きがいや拠り所を求めて数多くの公民館活動を誕生させていったことが想像できる。しかし，当時「若かったまち」は，時代とともに急速な高齢化を迎えることになった。若かった公民館活動の担い手たちは，当時の宇治市における文化の担い手でもあったが，彼ら彼女らの高齢化が現在の文化の担い手の高齢化に直結していることは，紫式部市民文化賞応募者の年代別構成の推移を見てもわかる（表４-４参照）。

だが，それでは，担い手の育成や創作活動が停滞したのはなぜだろうか。その要因としては文化活動における「学び（蓄積）」と「表現（発散）」の好循環が機能しなかったことが考えられる。そこに欠けているのは「コミュニケーション（交流）」の場と機会である。

（２）教育と文化の２極対立論を越えて

果たして，社会教育は松下が言うように都市型社会へと変貌する中で「終焉」したのだろうか。また，梅棹の言うように文化と教育は二分することで整理できるものなのだろうか。先述したように佐藤一子は，かつてのような教育行政と文化行政を分立させる考え方を見直すべき（佐藤一子，2016a，17頁）であると批判している。また，これまで見てきたように宇治市の文化の担い手たちを輩出してきたのは公民館活動であったが，梅棹の言うところの「教育はチャージ，文化はディスチャージ」という論では，文化活動と公民館活動との関係を説明できない。社会教育法第20条によって位置づけられている公民館は，おおむね住民の教養の向上，健康の増進を図ることを目的とした社会教育施設であり，同法第22条によると，その事業は講座や集会等が中心である。つまりは「チャージ」に主眼を置いているわけだが，その公民館活動から，市民文化賞という場で「ディスチャージ」するという現象が起こってきたのはなぜなのか。

表4－8　中川幾郎のチャージ・ディスチャージ論の発展的展開と宇治市の文化事業

パフォーマンス（放電）	コミュニケーション（交流）	ストック（充電）
市民文化賞への応募 ロビーコンサート 市民文化芸術祭　等		公民館サークル活動 各種文化団体等の活動
表現・発表	批評・参加・交流	鑑賞・学習・研究・蓄積

（出所）中川（2001）29頁図表9より筆者作成。

この問題について，中川幾郎は独自の論を展開する。まず梅棹理論を以下のように批判する。

「『放電』を，具体的な『表現，演技，発表』におきかえ，『充電』を『学習，鑑賞，研究，蓄積』とおきかえてみよう。学習や研究なくして表現や発表はない，ということがわかる。ところが一方で，表現や発表なくして学習や研究はない，とはいい難い。ここに何かが欠けていることにすでに気が付く」（中川，2001，27-28頁）。

ここから中川は，梅棹理論に「軌道修正」を加え，放電（表現，パフォーマンス）と学習（充電，ストック）に「交流（参加，交流，評価）」を加えた３極サイクルのモデルを構築する。以下ではこれを援用し，宇治市における文化活動と公民館活動等との関係を説明してみよう。

中川は，表現行為や発表行為は，「パフォーマンス」として単独で成立するが，それ自体で，ただちに鑑賞や学習につながっていくものではないという認識に立ち，鑑賞者や学習者が，表現行為や発表行為の場に参加し，作品や発表内容と交わり，評価する，すなわち表現や発表を鑑賞や学習につなぐ極（きょく）としての交流，コミュニケーションに着目した（中川，2001，28頁）。

これを宇治市における紫式部市民文化賞等の文化活動，公民館等で行われているサークル活動の関係に当てはめると，表4－8のようになる。

表4－8にあるように，紫式部市民文化賞をはじめ，宇治市における文化事業には，コミュニケーションにあたる行為が見当たらないことがわかる。表4－3で「交流」の要素が「非常に当てはまる」と分類されている「宇治十帖スタンプラリー」においても，実際は，「スタンプポイントを回り，コースを踏

破する」ことがもっぱらの参加動機になっており，「表現や発表を鑑賞や学習につなぐ」という性質のものではない。つまり，これまでは，公民館サークル活動における「ストック」と，「パフォーマンス」を行うことによって起こる「コミュニケーション」が生まれるといった具合に，「ストック」「コミュニケーション」「パフォーマンス」がうまくリンクし，循環していたが，現在，その公民館サークル活動が，長年の活動の中で「内輪」の活動になってしまっていることにより，市民とのコミュニケーションは不活発であるとみることができる。そうなると，「ストック」の場である公民館サークル等に新たな人が参加することが少なくなり，メンバーの固定化，高齢化が進む。さらに，「パフォーマンス」の機会である市民文化賞への市民の関心も低くなると，贈呈式等，「コミュニケーション」の機会への参加者は，関係者かゲスト講師目当ての人ばかりが目立つようになる。先述したように，2015年度の第25回紫式部市民文化賞受賞者は，市民文化賞が果たす市民への文化顕彰としての役割について語っているが[(24)]，外部との交流，コミュニケーションによって，このような賞の価値を伝える人や手段が存在しない。行政課題としての「市民文化賞」の応募者，ならびに「文学賞・市民文化賞」の贈呈式・記念イベントへの参加者が高年齢層に偏るということにはこうした構造があるといえる。

このような課題は，「紫式部文学賞・市民文化賞」ばかりではなく，宇治市の文化事業全般にいえることである。文化活動団体，行政ともに交流，コミュニケーションの機能が弱い。2015年度に宇治市が実施した市政モニターアンケートにおいても，宇治市の文化行政に関する要望のなかで多い回答は，鑑賞機会提供，情報提供，施設向上の順であり，市民自らが文化の担い手として行動しようという認識は薄いことが明らかになっている。しかし，文化活動について言えば，「発表者か鑑賞者か」に分かれてしまっており，交流，参加，批評の場や機会が少ない。よって，世代や分野，立場を超えた「交流，コミュニケーション」を促進する施策が，宇治市の文化政策を進める上で重要であるといえる。

たとえば，「文学賞・市民文化賞」を例に「交流，コミュニケーション」を

表4-9　中川幾郎のチャージ・ディスチャージ論の発展的展開と宇治市の文化事業の方向性

パフォーマンス（放電）	コミュニケーション（交流）	ストック（充電）
市民文化賞への応募	例 ・若い人に文学に親しんでもらうための事業を表現者と市民とが協働で考え，企画，実施する ・受賞作品を題材とした表現・創作活動	公民館サークル活動 各種文化団体等の活動
表現・発表	批評・参加・交流	鑑賞・学習・研究・蓄積

（出所）　表4-8と同じ。

促進する施策として，仮に「若い人たちを対象とした文学に親しんでもらうための企画」や「作品を題材とした表現・創作活動」を入れてみると，表4-9のようになる。理論上の域を脱しないが，3つの極が1つのサイクルへとつながる可能性は十分にあるし，金沢市の「金沢泉鏡花フェスティバル」や，岡山市の「瀬戸内ブッククルーズ」等は，こうした「交流・コミュニケーション」の要素を持っていることを見ても，実現可能性はある。

実際筆者らも，授業において，「宇治市の文化行政の改善」についてPBL（課題解決型学習：Project Based Learning）で学生に取り組んでもらったり，公民館活動に学生が入って，高齢者の利用者たちに対してインタビューを行い，昔の思い出を人形劇に仕立てたり，聞き書きを作成するなど，日頃若い世代にとって「縁遠い」イメージのある行政の文化事業に接する中でさまざまな気付きがあったことがうかがえた。こうした授業時における学生たちの取り組みが，宇治市の文化事業・公民館活動におけるパフォーマンスとストックをつなぐ「コミュニケーション」として機能したかどうかは検証できていないが，少なくとも，従前から行われていた事業に対し，「異なる視点」からの提案や指摘がなされ，それが行政担当職員や公民館の利用者にとっての批評や参加，交流の機会となったことは事実である。

しかし，こうした「異なる視点」を活かした政策の改善のためには，文化施策・事業，生涯学習施策・事業を管轄するセクション同士が連携した政策推進が求められる。庁内の連携を文化政策から進めることによって「行政の文化化」も期待できよう。

高齢化，人口減少社会の中で，地域文化の伝承，また文化の担い手の裾野を広げることが地域の文化環境を担保する上で欠かせないと考える。とりわけ，人口減少，高齢化が顕著な地方においては，従来型の文化活動団体はより内向きになり，組織の新陳代謝が進まない。また，行政は文化行政の位置づけの問題もあるが，セクションを越えた総合的な文化政策の推進に至っていない。この課題を解決するために，本章ではパフォーマンス（放電）とストック（充電）の間に，コミュニケーション（交流）を促進する施策が必要であるという提案を行った。宇治市においては，公民館活動が文化の担い手を輩出してきたというこれまでの経緯を踏まえても，文化政策と生涯学習政策との連携について，今一度検討しなければならないのではないか。

以上のように考えると，セクションの壁を越えた連携によって，総合的かつ，よりアクティブな自治体文化政策を行うことが求められる。それが地域社会の人的蓄積と文化的なポテンシャルを高めることにつながり，文化の担い手，鑑賞者，参加者の層を厚くし，ひいては新たな文化の担い手の輩出，そしてコミュニティの活性化にもつながりうるといえる。

注

⑴　国の第三次総合開発計画（1977〜1987年）では，その基本方針に「地域特性を生かしつつ，歴史的，伝統的文化に根ざし，人間と自然の調和のとれた安定感のある健康で文化的な人間居住の総合的環境を計画的に整備する」という文言が読み取れる（織田，2005，92頁）。また，地方においては，大分県の「一村一品運動」といった地域が主導権を発揮する考え方や動きがみられるようになってくる。

⑵　1980年代前半に，松下圭一，森啓によって提唱された自治体文化行政の基本的な柱の一つ。松下らは，その基本政策を，①市民文化（市民文化活動の振興・条件整備），②まちづくり（文化的なまちづくり・地域空間づくりの推進），③行政の文化化（行政の文化的視点からの革新・技術革新）の３つの分野にあるとした（中川，2001，12-14頁）。

⑶　内閣府「国民生活に関する世論調査」。

(4)「文化芸術基本法」への改正については，2017年９月17日，日本文化政策学会第11回年次研究大会のプログラムで設けられた公開ラウンドテーブル「文化法制について考える」の中で議論され，その改正が意図することについて，「文化の道具主義化」への懸念や，新設された第２条第10項にみられる，観光，まちづくり，国際交流，福祉，教育，産業に「活用」するといった文言がみられることについて批判がなされた。

(5) 日本国憲法第25条の生存権規定「すべて国民は，健康で文化的な最低限度の生活を営む権利を有する」を文化権の根拠とする説もあるが，議論が分かれるところでもある。

(6) 2015・2016年の調査時は「市民環境部文化自治振興課」であった。

(7) 平成27年度ともいき研究「宇治市における文化発信イベントの手法研究」第１回研究会配布資料。なお，それに続く本文の定義，範囲とも同じである。

(8) 宇治市ウェブサイトより（https://www.city.uji.kyoto.jp/0000015048.html，最終確認日2019/11/26）。

(9) 2020（令和２）年は，紫式部文学賞・紫式部市民文化賞を中心とした「源氏ろまん」が30周年を迎えたことから，「源氏ろまん30周年記念イベント」（新型コロナウイルス感染症対策のため，一般入場者の募集は行わず，後日ウェブ配信）を開催することとなったが，2021（令和３）年以降については未定とのことである。

(10)『宇治市政だより』1989（平成元）年10月21日，第861号。

(11) 織田直文氏には2016年１月29日に，文学賞創設時の状況についてインタビューを行っている。

(12) 一方で，2015年第25回では「ベテラン」である佐藤愛子氏の『晩鐘』が選ばれる等，一概に「登竜門的役割」とは言えない選考も見受けられる。

(13) 2015年度　第25回宇治十帖スタンプラリーアンケート結果ならびに過去のアンケート結果より。

(14) 2016年２月12日に実施した来場者アンケート結果より。

(15) 平成27年度研究会での発言より。

(16) 2016年２月12日に実施した来場者アンケート結果より。

(17) 実行委員会形式のものを含む。

(18) 第１回は１人複数応募可能であった。応募者数は90名である。

(19) 27年度研究会では，2015年11月15日に開催された「第25回　紫式部文学賞・紫式部市民文化賞　贈呈式及び記念イベント」において，来場者にアンケートを行った。来場者1000人程度のうち，回答数が221。うち，60歳以上が164であった。50代を含めると189となり，85％を超える。

(20)「第25回　紫式部文学賞・紫式部市民文化賞　贈呈式及び記念イベント」は「節目の年」ということもあり，作家の瀬戸内寂聴，華道家の假屋崎省吾のトークということもあり，応募者多数で抽選を行ったが，その前年のイベント来場者は394名であった。

(21)　2015年12月9日，第25回紫式部市民文化賞受賞者みぎわせり氏へのインタビュー内容より。

(22)　2016年1月18日実施。

(23)　2017年1月31日実施。

(24)　2015年12月9日，第25回紫式部市民文化賞受賞者みぎわせり氏へのインタビュー内容より。

参考文献

池上惇・植木浩・福原義春編『文化経済学』有斐閣，1998年。

梅棹忠夫『梅棹忠夫著作集　第21巻――都市と文化開発』中央公論社，1993年。

織田直文『輝く人・まち――地域づくりのロマン』かもがわ出版，1990年。

――――『臨地まちづくり学』サンライズ出版，2005年。

小林真理「文化政策・文化行政」文化経済学会〈日本〉［編］『文化経済学――軌跡と展望』ミネルヴァ書房，2016年。

佐藤郁哉『現代演劇のフィールドワーク』東京大学出版会，1999年。

佐藤一子『文化協同の時代』青木書店，1989年。

――――「地域の発展を支える文化行政と文化施設」『住民と自治』2016年a12月号。

――――『地域文化が若者を育てる』農文協，2016年b。

――――「地域文化が若者を育てる――民俗・芸能・食文化のまちづくり」『文化経済学』第14巻第1号，2017年。

鈴木眞理・馬場祐次朗・薬袋秀樹『生涯学習概論』樹村房，2014年。

中川幾郎『分権時代の自治体文化政策』勁草書房，2001年。

野田邦弘『文化政策の展開』学芸出版社，2014年。

平田オリザ『芸術立国論』集英社，2001年。

――――『新しい広場をつくる　市民芸術概論綱要』岩波書店，2013年。

松下圭一『都市型社会の自治』日本評論社，1987年。

――――『政策型思考と政治』東京大学出版会，1991年。

――――『社会教育の終焉［新版］』公人の友社，2003年。

コラム5

地域クラウド交流会の試み

森川克哉
(宇治市産業地域振興部産業振興課)

皆さんは今住んでいる町が好きですか？　近年，全国的に地方創生が叫ばれる中，宇治市でも「みどりゆたかな住みたい，住んでよかった都市」をめざしたまちづくりを推進し，宇治市を好きになってもらう取り組みを実施している。その中の事業の１つとして「地域クラウド交流会（以下「ちいクラ」という)」が挙げられる。

宇治市が考える「ちいクラ」の実施目的は大きく４つある。①地域の隠れた宝・資源（起業家）を知ってほしい，②地域で挑戦する起業家を応援してほしい，③地域のお金を地域で回す仕組みを構築したい，④多様な価値観・生き方に触れてほしい，である。

「ちいクラ」は，2015年千葉県で永岡恵美子氏が始めたイベントで，現在はサイボウズ株式会社（ソフトウェア開発）の事業として全国に広まっている。2017年に近畿経済産業局がこのイベントに着目し，近畿地方で各地域が主体となって実施していく動きの中，京都府下ではじめて宇治市で開催した。

その内容は，宇治市の起業家５名がプレゼンテーションを行い，応援に集まった150名以上の参加者が「一番応援したい！」と思った起業家に１票を投じ，集めた応援票数を商品券に換算し，プレゼンター全員が受け取る仕組みとなっている。イベントの運営は，主催（宇治市では京都信用金庫・宇治商工会議所と共働で実施）だけでなく，京都文教大学・金融機関・中小企業関連団体や地域の方たちが「投票所」や「応援し隊」といった役割を持って協働で運営しており，地域の起業家を地域の方が応援する仕組みとなっている。交流会後は，参加者同士が自由にアフター交流会（二次会）に行くことを勧めており，地域のお店でお金を使っていただくことで，お金を地域で循環させる仕組みにもなっている。

すでに４回（2019年10月１日時点）の「ちいクラ」の開催を通して，今まで知られていなかった起業家の認知だけでなく，想いを共有した起業家や参加者とのつながりができ，新しい事業やイベントなども実施されている。また，想いを持った起業家を応援したいという地域の方の「ちいクラ」開催を心待ちにする声も多く聞くようになった。

宇治市では，自然・歴史・文化等の資源のほか，地域で挑戦する方やそれを応援する方も地域の重要な宝・資源と捉えている。前向きに挑戦する方を地域全体で応援できる仕組みをつくり，誰もが挑戦できる場を提供していきたい。また，第３回の「ち

第１回宇治地域クラウド交流会

いクラ」優勝者は京都文教大学３回生であったが，卒業後は企業に就職することが一般的な中，地域の身近な起業家を知ることで，就職以外の多様な働き方・生き方を考えるきっかけを提供できればと考えている。

是非１度，「ちいクラ」に参加していただきたい。そして，地域で挑戦する方を私たちと一緒に応援してもらえたら，あるいは宇治市で新しい挑戦をしていただけたら，非常に嬉しいし，またそれが宇治市の活性化にもつながっていくと確信している。

第Ⅲ部

新たなつながりで未来をつくる

第5章
企業と育てる地域人材
――京都文教ともいきパートナーズの挑戦――

京都文教大学は地域の拠点，「ハブ（hub）」として，「大学 COC 事業」や「COC+事業」，地域ネットワーク「京都文教ともいきパートナーズ」を通じて，地域住民，地元企業，高等学校，行政，経済団体，NPO 等の多様な主体をつないでいくことで，地元の企業とともに人材育成に挑戦している。

本章では，その事例を「地域連携」「社会連携」の視点から紹介する。

1 「ともいき（共生）キャンパス」の実現に向けて

（1）地域の企業，住民，教職員が集う「ともいきフェスティバル」

「このクイズの答えはこっちかなぁ」「これは，絶対『○』やて！」など，小学生の声が飛び交う。毎年12月に京都文教大学・短期大学で開催される「ともいきフェスティバル」のオープニング「ふるさと宇治検定」の１コマだ。

このクイズのあとには，宇治市の小・中学生が総合学習で学ぶ「宇治学」の成果発表の場として，大学の近隣にある宇治市立北槇島小学校の３年生が「子ども茶席」として，お点前を披露した。

メイン会場である「サロン・ド・パドマ」には，次から次へと親子を中心とした来場者が訪れ，地元企業や行政，NPO，「地域連携学生プロジェクト」のワークショップブース，京都府南部地域の「ご当地キャラクター」によるステージ，地元の食材を使用した餅つき大会やお汁粉が振る舞われた。メイン会場以外にも，小学校教員養成コースの学生が，理科実験や工作，おもしろ算数，新聞づくりを行い，2017年度に大学日本一に輝いた軟式野球部の学生が，近隣

(a)ふるさと宇治検定

(b)地元企業によるワークショップブース

(c)子ども野球教室

図５-１　「ともいきフェスティバル」での１コマ

の野球チームを中心とした小学生60名を対象に「子ども野球教室」を開催し，野球を通じた地域交流を図った。

このほかにも京都府との連携事業である「宇治茶文化講座」，宇治市との連携事業である「認知症の人にやさしいまち・うじ」の実現に向けた公開講座や「大学れもんカフェ」，京都文教短期大学幼児教育学科の学生や教員による「ぶんきょう子どもひろば」にも老若男女を問わず，多数の来場者が訪れた。また，翌年４月の入学予定者である高校生約100名が，入学前学習の一環として来場し，京都文教大学の「地域連携」「社会連携」の現場を目の当たりにした。

フェスティバル全体をめぐる「宝さがし探検スタンプラリー」では，地元企業や団体等からの多数の協賛品を景品とした。

この「ともいきフェスティバル」は，2014年の年末から毎年開催され，2019年度で６回目を迎えることになった。建学の理念である「ともいき（共生）」に基づき，後述する「大学 COC 事業」がめざしてきた「ともいき（共生）キャンパス」を具現化している１つの事例である。初回の2014年度は，地域協働研究教育センターの設立記念，「大学 COC 事業」の採択を記念して，京都府副知事，宇治市長，学長を交えたトークセッションをメインに実施した。「COC+事業」に参画した2016年度は「中小企業との連携」，2017年度は建学の理念「ともいき（共生）」をメインテーマとし，2018年度以降の地元企業によるワークショップブースの展開につなげた。

2019年度には，浄土宗宗門関係大学の地域連携，社会連携に関する取り組みの報告会や，京都文教大学と淑徳大学，埼玉工業大学が協働実施する内閣府「地方と東京圏の大学生対流促進事業」の採択記念シンポジウムも同日開催した。

「ともいきフェスティバル」そのものが，京都文教大学が展開する「地域連携」「社会連携」の見本市のような役割を果たし，年を重ねるごとに，地域におけるさまざまな方々の「プラットフォーム」になってきたように感じている。

（2）大学が地域の拠点に「大学 COC 事業」

2013年度に，文部科学省が「地（知）の拠点整備事業」（以下，大学 COC 事業）の公募を開始した。COC とは，「Center Of Community」の略で，大学がガバナンス改革と機能別分化を行い，大学全体として地域を志向した教育・研究・社会貢献を推進することで，大学が地域の拠点，中心になることを意味している。2006・2007年に学校教育法が改正され，大学の役割として，それまでの「教育」と「研究」に，新たに「社会貢献」が加わったこともあり，「COC」の機能は全大学に求められる機能として位置づけられるようになった。

この「大学 COC 事業」は，大学が自治体等と連携し，全学的に地域を志向した教育・研究・社会貢献を進める大学を文部科学省が支援することで，①学内組織を有機的に連携し，「地域のための大学」として全学的に地域再生・活性化に取り組むこと，②教育カリキュラム・教育組織の改革につなげるとともに，地域の課題（ニーズ）と大学の資源（シーズ）の効果的なマッチングにより，地域の課題を解決すること，③大学と自治体が早い段階から協働して課題を共有し，地域振興策の立案・実施まで視野に入れた取り組みを進めること，などを目的としている。

「大学 COC 事業」が公募された背景には，急激な少子高齢化の進行，地域コミュニティの衰退，グローバル化によるボーダーレス化，新興国の台頭による国際競争の激化などがある。京都文教大学が位置する，宇治市や京都府南部地域においても，少子高齢化，防災・災害対策，子育て支援，学習支援，産業振興，生涯学習機会の提供，国際化・多文化共生の推進，障がい者支援などの課題が山積している。あわせて，めざすべき新しい大学像として，①学生がしっかり学び，自らの人生と社会の未来を主体的に切り拓く能力を培う大学，②地域再生の核となる大学，③生涯学習の拠点となる大学，④社会の知的基盤としての役割を果たす大学，等が挙げられるようになった。

「大学 COC 事業」は，2013年度と2014年度に公募があり，2013年度は319大学等からの申請に対し，52件の採択，2014年度は237大学等が申請し，25件が採択された。京都文教大学は2014年度に「京都府南部地域ともいき（共生）キャンパスで育てる地域人材」を事業名に申請し，10倍近い倍率を突破，京都府内の私立大学では，唯一の採択校となった。

大学が所在する宇治市槇島町のキャンパスだけでなく，京都府南部地域全体を「ともいき（共生）キャンパス」にすることで，京都文教大学の建学の理念「ともいき（共生）」を具現化していくことを事業名に込めている。実際に京都文教大学のキャンパスには，学生だけでなく，子育て支援室「ぶんきょうにこにこルーム」を利用する親子連れや宇治市高齢者アカデミー生として授業に出席する高齢者，障がい当事者の方々の授業への参加，地元企業や経済団体による勉強会など，多様な方々がキャンパスを訪れて学生と交流をしている。逆に，京都文教大学の学生が，地域連携活動やインターンシップ，PBL（課題解決型学習：Project Based Learning），ボランティア等を通じて，地域での実践を積み重ねている。

京都府下では，2013年度に京都大学が単独で，京都工芸繊維大学と舞鶴工業高等専門学校が共同申請で採択されており，京都文教大学とあわせて，３件の「大学 COC 事業」が展開された。上記のように「大学 COC 事業」は行政機関と協働することが申請要件の１つであったため，京都文教大学は，キャンパスが所在する宇治市，隣接する京都市伏見区を行政パートナーとして，教育・研究・社会貢献の３つの分野で事業を展開した。

それでは，京都文教大学の COC 事業の概要をみてみよう（図５-２）。

まず，教育の分野では，京都文教大学の学士力（KBU 学士力）として，「共

京都府南部地域ともいき(共生)キャンパスで育てる地域人材

建学の理念である「共生」の精神を具現化するために、大学のリソースを地域発展に、
また地域のパワーを大学教育に活用し、大学と地域が共に生かしあい、ともに生き生きする「ともいき(共生)キャンパス」の創造を目指す。

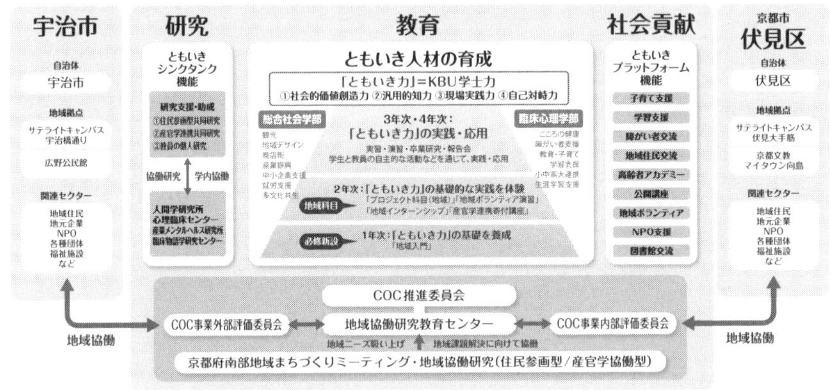

図5-2　京都文教大学の「大学 COC 事業」概要図
（出所）　京都文教大学 COC 事業リーフレット。

に生かし合う力=ともいき力」を設定し，地域志向教育を軸に，それぞれの専門性に基づき京都府南部に所在する京都文教大学で学んだ意義を活かすことのできる教育カリキュラムと環境を学生に提供することをめざした。

この地域を志向するカリキュラムの特徴として，1年次生の全学必修科目「地域入門」を2015年度に新設した。「地域入門」は，地域で学び，地域に役立つ視点と，その学習活動の主たるフィールドとなる連携自治体を中心とした地域の実情を知ることで，2年次生以降の専門科目の学習の基盤に「地域志向」を組み込むことを目的にしている。その後，2年次生以降の科目として，「ともいき力」の基礎的な実践を体験する「地域インターンシップ」「プロジェクト科目（地域）」「地域ボランティア演習」などを2016年度に新規開講している（図5-3）。

また，学生や教職員が地域や現場へ出ていきやすいように，マイクロバスの使用経費や地域から外部講師を招聘する際の費用なども「大学 COC 事業」の予算からサポートした。

続いて，研究の分野では，「ともいきシンクタンク機能」として，行政，企

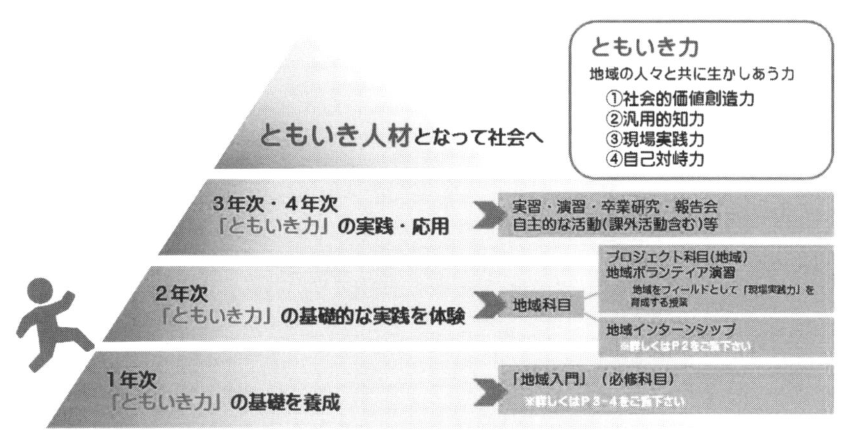

図5-3　「大学 COC 事業」で新設した科目群
（出所）　京都文教大学地域協働研究教育センターニューズレター「ともいき」Vol. 5。

業，地域住民との協働研究を推進した。

2014年4月に地域協働研究教育センターを設立し，地域を志向した研究，地域との協働研究を公募し，5件採択している。また，2014年度の年度途中に「大学 COC 事業」に採択されたこともあり，年度の後半においても新たに「ともいき研究助成」事業として，①住民参画型，②産官学協働型の協働研究を行政・企業・地域住民等から募集，6件を採択し，地域ニーズの発掘と課題解決に取り組んだ。研究数と学内外の研究参加者数（延べ数）は，2014年度の11件58人から，2015年度20件117人，2016年度20件137人，2017年度15件117人，2018年度15件124人と推移し，京都文教大学に所属する約4割の教員が参画している（表5-1）。研究の中には，文部科学省の科学研究費助成事業の獲得に至った事例もある。行政パートナーである宇治市との協働事例が多く，これまでに，危機管理室，文化自治振興課，商工観光課，環境企画課，生活支援課，健康生きがい課，秘書広報課，一貫教育課，ごみ減量推進課など，多くの部局と協働して研究を進めている。

この研究助成では，研究分担者として，学外から客員研究員や連携研究員として自治体職員や実務家などを招聘する仕組みを整え，地域との「協働研究」

表５-１　2019年度の「ともいき研究」一覧

	研究名
1	高齢者ケアに焦点をあてた多職種相互乗入型の 研修プログラムの開発に関わる研究
2	「遊び」を介して行う，子育て・子育ちのフィールドワーク研究
3	「宇治学」副読本作成による地域協働型教材開発と評価・改善に関する実証的研究
4	世界児童画展を通して考える子どもの「表現」とは
5	記者体験活動を通して，子どもたちのシティズンシップを育成する研究
6	まきしま絆の会，宇治市，京都文教大学が紡ぐ地域連携の創造Ⅱ ——地域と結びつく親と子の絆づくり，子どもへの学習支援
7	宇治市における観光の質の向上方策検討研究——インバウンド対応の質的向上を中心に
8	生きづらさを抱えた本人と自死遺族のサポートについての実践的研究
9	ボランティア担い手開拓と活動効果測定の研究——勤め人Ｖメニュー開発とQOL向上指標の導入
10	自殺予防および精神障がい当事者のリカバリー獲得のプロセスと社会貢献に関する探索的研究
11	宇治市認知症アクションアライアンスに関する当事者研究Ⅳ ——「認知症の人にやさしいまち・うじ」の実現に向けて
12	障がい当事者のリソースを活用した教育とまちづくりに関わる発展的研究
13	多文化多世代共生の地域コミュニティを考える ——大学・事業者・住民連携によるニュータウンまちづくり推進事業を中心とした実践的研究
14	産業メンタルヘルス研究所主催ワークショップを地域貢献に還元するための調査研究
15	宇治市における「ものがたり観光」の振興と定着Ⅱ
16	グローバル化時代における地域の国際協力のあり方を探るⅢ
17	防災・減災の啓発に関する研究
18	フューチャーデザイン手法で考える持続可能な宇治の地域コミュニティのあり方

を推進している。

地域協働研究教育センターが設立され，地域協働，連携の窓口が一本化，明確になったことで，行政や外部機関からの事業委託，研究委託の受け皿の役割も果たすようになった。

これまで取り組んできた地域連携，地域協働による協働研究，教育，実践の成果を「京都文教大学地域協働研究シリーズ」として，2019年度に「教育」「精神・福祉」，2020年度に「観光」「コミュニティ・防災・まちづくり」をテーマに４冊の書籍を出版することになった。本書もその１冊である。

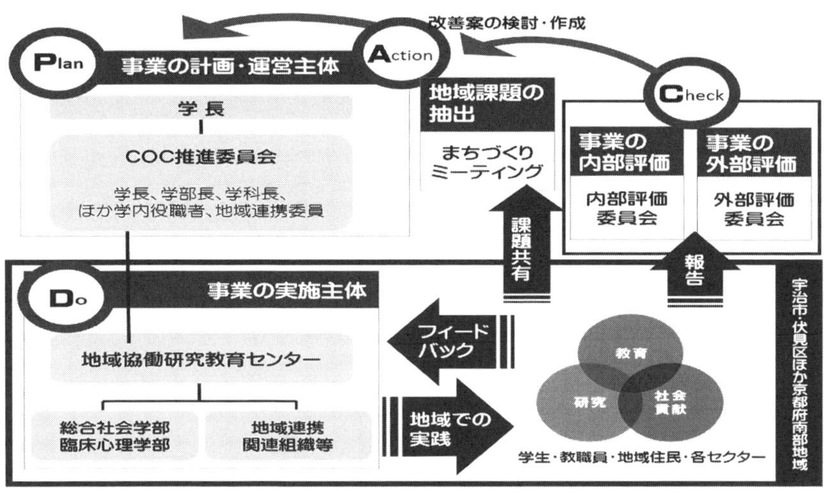

図5-4　「大学COC事業」の実施体制図

（出所）　中間報告シンポジウム資料。

最後に，社会貢献の分野では，「ともいきプラットフォーム機能」として，地域の方々とともに地域課題の解決に取り組み，地域住民の「生涯教育力の向上」による地域活性化をめざした。2013年度より実施している65歳以上（2016年度まで70歳以上）の宇治市民を対象とした「宇治市高齢者アカデミー」をはじめとする「地域志向生涯教育事業」や「障がい者交流」「多文化共生」「学習支援」など地域課題に合致する公開講座の開講，地域課題の抽出と解決に向けて模索する「京都府南部地域まちづくりミーティング」などを行ってきた。

この「まちづくりミーティング」では，京都府南部地域の行政・企業・NPO・地域住民・学生・教職員など，さまざまなセクターの人々が集まり，まちづくりや観光，教育，福祉などのテーマを設け，地域課題やニーズを共有している。

対話を通じてネットワークを構築し，地域課題解決に向けた協働を行い，この「まちづくりミーティング」で共有された課題を「ともいき研究」のテーマにすることで，研究と社会貢献の往還関係を生み出している。

「大学COC事業」における教育・研究・社会貢献を一体化して，全学的に事業を推進するために，学長を委員長とする「COC 推進委員会」を立ち上げ，あわせて，事業を内部評価・外部評価する仕組みを構築した。2018年度には，「大学 COC 事業」で積み上げてきた外部評価の仕組みをもとに，大学全体の外部評価委員会を立ち上げることとなった。

これらの教育・研究・社会貢献の事業に大学が地域とともに取り組み，それぞれの事業に関わる多様な主体，当事者を大学がハブとしてつなげていくことで，大学のある宇治市槇島町のキャンパスだけでなく，京都府南部地域全体が「ともいきキャンパス」になることをめざしてきたのが，京都文教大学の「大学 COC 事業」と言えよう（図５－４）。

（3）「京都文教ともいきパートナーズ」がつなぐ高校・大学・地域・産業

2013・2014年度に「大学 COC 事業」が公募され，採択された大学と行政パートナーが全国各地で事業を展開してきたが，2015年度に，この「大学 COC 事業」をさらに発展し，当該地域における雇用創出や学卒者の地元定着率の向上を推進することを目的に「地（知）の拠点大学による地方創生推進事業」（以下，COC+事業）が新たに公募された（図５－５）。

申請の要件として，「地域で活躍する人材の育成や大学を核とした地域産業の活性化，地方への人口集積等を推進するため，地域における複数の大学が，地域活性化政策を担う地方公共団体，人材を受け入れる企業や地域活性化を目的に活動する NPO や民間団体等と協働し，当該地域における雇用創出や学卒者の地元定着率の向上を推進するものが対象」とあったため，京都文教大学は連携校を模索したが，最終的に2015年度は申請することを断念した。

京都府では，「大学 COC 事業」採択校の京都工芸繊維大学が代表校，京都府立大学，京都学園大学（現，京都先端科学大学），舞鶴工業高等専門学校と連携して，「北京都を中心とする国公私・高専連携による京都創生人材育成事業」を申請し，採択された。

京都文教大学は翌年の2016年度から京都府での「COC+事業」に参画し，連携校とともに京都府全体の就業率の向上に取り組むことになった。もともとの

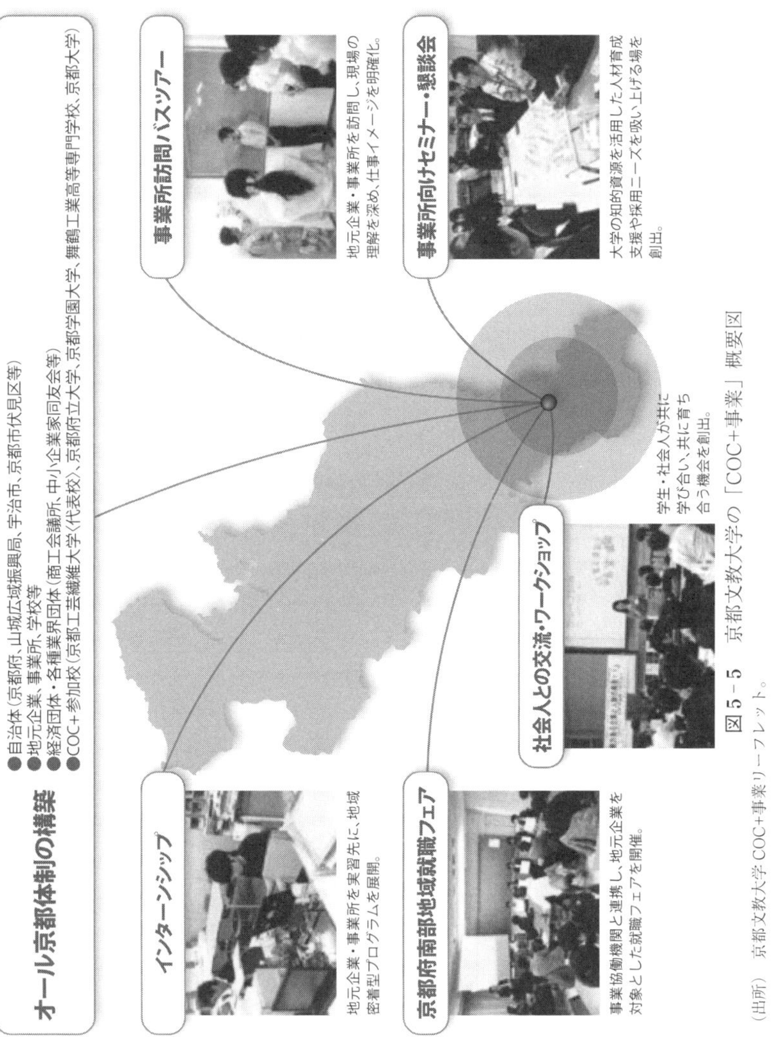

図5－5　京都文教大学の「COC+事業」概要図

（出所）　京都文教大学 COC+事業リーフレット。

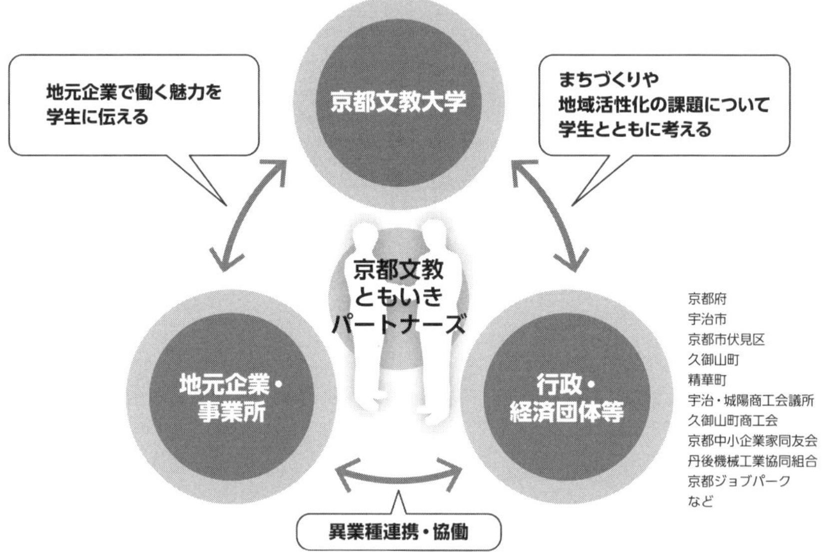

図5-6　「京都文教ともいきパートナーズ」の概要図
（出所）　地域連携事業紹介冊子「ともいき」。

事業母体が京都府の中・北部地域で展開されていたため，京都文教大学が京都府の南部地域をカバーすることで，京都府全域で事業を展開できるようになった。

京都文教大学が「COC+事業」を展開するにあたり，建学の理念である「ともいき（共生）」に共感，理解いただき，学生の育成などに協力いただける京都府南部地域の企業，事業所等をネットワーク化するために立ち上げたのが，「京都文教ともいきパートナーズ（以下，ともいきパートナーズ）」である（図5-6）。このネットワークを通じて，地方創生の中心となる「ひと」の育成と「ひと」が交流する機会の創出に取り組むことになった。具体的な取り組みとして，学生のインターンシップやPBL，事業所見学，地元企業や行政，経済団体などとの意見交換会や勉強会などである。あわせて，「COC+事業」を推進するために，新たに「南部地域企業コーディネーター」を採用し，「地域インターンシップ」の受け入れ先の拡大，近隣の行政や経済団体，地元企業との「顔」がみえる関係づくり，「ともいきパートナーズ」の登録先の拡大を図っ

表５－２　「京都文教ともいきパートナーズ」登録団体等

（株）アースワーク	シュンビン（株）
（株）アイビ建築	城陽酒造（株）
（株）アテスト	城陽商工会議所
（公財）宇治市野外活動センター	（株）すまいる
宇治商工会議所	（株）セイワ工業
（株）宇治吉田運送	玉井建設（株）
（株）エージェンシーアシスト	ディランド山京（株）
エスワイズ住宅販売（株）	（株）杜若園芸
（株）エフケイ	長嶋屋（株）
（株）オックスクリエーション	南村自動車工業（株）
（株）神村製作所	（株）西山ケミックス
（株）かわな工業	（株）日照技術コンサルタント
共栄製茶（株）	ぴあぴあコミュニティサポート（同）
（株）京光製作所	樋口鉱泉（株）
京都 EIC（株）	（株）ファーベストニシカワ
（株）京都リビングエフエム	HILLTOP（株）
久御山町商工会	（株）弘商会（源氏の湯）
（株）クロスエフェクト	（株）伏見上野旭昇堂
（医）健幸会むかいじま病院	（株）藤森工務店
（株）健幸プラス	プロニクス（株）
（株）幸山商店	（株）メカニック
（株）三笑堂	（株）ヤマコー
（特非）就労ネットうじ みっくすはあつ	（株）和合舎
	ワタキューセイモア（株）

（注）　2019年６月１日現在。

ていった（表５－２）。

COC+事業に参画した時点から，補助期間終了後を見据え，後述する近隣自治体や経済団体との包括連結協定の締結や「ともいきパートナーズ」の仕組みを通じて，高校，大学，地域，産業をつなぐ役割を果たすことで，COC，COC+で取り組んできたこと，培ってきたことを継続する仕組みをつくることも視野に入れて，事業に着手してきた。

２　地域で育つ学生
――大学と地域，正課と課外活動の往還――

（１）正課で育つ学生――地域インターンシップ，プロジェクト科目（地域）

京都文教大学では，学生の現場実践力を高めることを目標に，さまざまな地域の現場での実践に取り組む「現場実践教育科目」を開講している。これは２年次生以上を対象とした全学共通科目であり，「地域インターンシップ」「プロジェクト科目（地域）」「地域ボランティア演習」などの科目で構成され，一部の学科を除き，選択必修科目に位置づけられている。

1)地域インターンシップ

「地域インターンシップ」は，２年次生以上を対象に地元中小企業，自治体，商工会議所，経済団体，NPO等を実習先とする京都文教大学独自の地域密着型，低年次からのキャリア教育プログラムである。2016年度に正課科目として全学開講するまでに２年間の試行期間を設け，2014年度は総合社会学部の「観光・地域デザインコース」，2015年度は総合社会学部の全５コース，2016年度から２年次生以上の全学生というように順次，対象学生を拡大してきた。

受け入れ先は宇治市や城陽市，久世郡久御山町，京都市伏見区などの京都府南部地域を中心に開拓していった。ほとんどの受け入れ先が車で20分程度の範囲内に収まり，大学から徒歩で行ける受け入れ先もある。このことは，実習中に何かあってもすぐに駆けつけることができるというだけでなく，常日頃から受け入れ先と大学の担当者が密に連絡を取り合うことができる距離感でもある。

試行期間中に，地元企業や事業所，行政，NPO，寺社，地元観光協会，商店街の個人商店に加え，教育委員会や病院・福祉施設等，臨床心理学部生の受講を促進する実習先も開拓していった。また，正課科目化に向けて，実習先へのヒアリングやアンケートも含めて，学生と実習先のマッチング，事前・事後学習，受け入れ先を招いた報告会，実習報告書の作成，学生の成績評価などのプログラム開発を行ってきた。

「地域インターンシップ」の到達目標として，シラバスに「自らの専攻や将来のキャリアに関連した就業体験を行うことで，就業意識・職業意識を養うことができます」と明記し，これらの目標達成に向けて，受講希望者へのていねいなマッチング面談，少人数制クラスでのワークショップ授業，複数教員によるチームティーチングなど，企業コーディネーターを含めた教職員が組織的に対応している（図５-７）。実習先には，実習内容や期間，必要な能力，望む学生像等を詳細に記載する「実習先情報シート」を前年度末までに提出してもらい，４月に行う学生向けの説明会やエントリーに向けて，受け入れ先と大学が

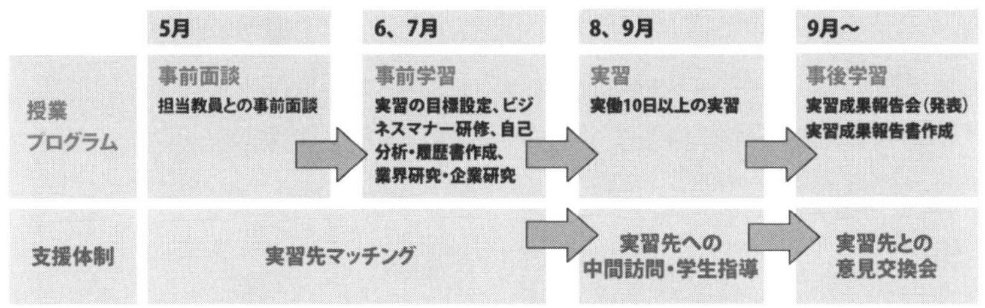

図5-7　「地域インターンシップ」の授業スケジュール

連携して，入念に準備を進めている。とくにマッチングには，受講生の特徴や適性を見極め，実習希望先の実習内容や受講生のインターンシップ後の学修や進路選択なども勘案し，一人ひとり時間をかけている。学生の学習効果をより高めるために，ときには，学生が希望する実習先以外の受け入れ先を推奨することもある。

事前学習は，受講生を1クラス10名程度に分け，クラスごとに担当教員を付け，実習の目標設定，自己分析，自己PR発表，履歴書作成，業界研究，電話アポイントメント練習，事前訪問の面談練習などをワークショップ形式で行っている。全体とクラスでの学習を織り交ぜ，教員がチームとなって，学生へ多面的にアドバイスし，ほかの受講生の取り組みを相互参照することで，学生自らがより多くの「気付き」と「自己理解」を深めるようにしている。

実習の中間訪問・指導では，担当教職員が受講生と受け入れ先の双方からヒアリングを行ってきた。学生との面談では，事前学習で設定した実習目標，実習での手応えや不安などを確認し，受け入れ担当者の面談内容もふまえ，実習後半の目標を再設定している（図5-8）。

事後学習は，実習のふりかえり，受け入れ先を招いた報告会，成果報告書を作成し，実習の言語化を通じて，今後の学生生活につなげる指導を行っている。

中間訪問・指導時の受け入れ先担当者からのヒアリングに加え，受け入れ先を招いた報告会後に，担当者と大学教職員で意見交換会を行い，次年度以降の科目実施に向けた成果や課題を共有している。また，事後学習時の学生アンケート結果も次年度以降のプログラムにつなげている。

①協栄エコソリューション㈱

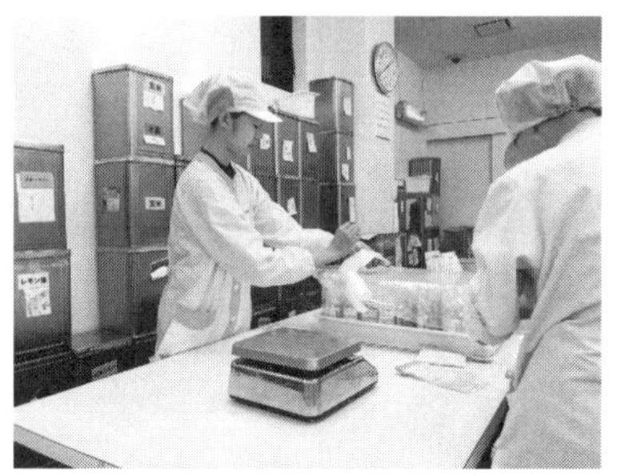

②㈱岩井製菓

図５－８　「地域インターンシップ」の受け入れ先での様子

2)プロジェクト科目（地域）

プロジェクト科目は，PBLの手法を取り入れ，宇治市や京都市伏見区など，京都府南部地域をフィールドにする「地域型」と社会問題や具体的な課題解決に向けて取り組む「テーマ型」があり，春学期，秋学期をあわせて年間で約20クラスが開設されている。

学期初めに学生たちは，担当教員や連携地域・団体から課題を与えられ，この課題に対し，チームで仮説を考え，検証し，課題解決の手法を探るという授業形態が，本科目の特徴である。学期末の当該学期全クラスによる合同成果発表会では，課題解決への提案や科目での学びについて，プレゼンテーションが行われている。

ここでは，2018年度春学期に開校した「プロジェクト科目（地域）」より「企業と考える地域づくりクラス」の事例を紹介する（図５－９）。

このクラスでは，京都府南部地域の中小企業３社を訪問し，地域社会における企業の役割や学生の関わりについて考えるなかで，課題発見力や創造力を養うことをめざした。

訪問企業は，京都中小企業家同友会の協力などを得て，市や町の行政区や業種，業態が異なるように選定した。地元中小企業の地域との関わり方や地域への参加，貢献のあり方を，実際に訪問することで学生に考えさせることを授業

図5-9　プロジェクト科目の授業で地元企業を訪問

の目的としている。また，各社の事業内容や地域貢献活動だけでなく，地域に根ざす経営者の想いや社員の働き方についても，学生の関心を向けさせることで，自身の進路について考える機会としている。

企業訪問後の学生からは，地域住民との信頼関係を構築する経営スタンスや，小規模ならではのフットワークの軽さについて強く認識したとの感想が多くあがり，地域に根ざした企業の現状を知る貴重な機会となった。

（2）課外活動で育つ学生――地域連携学生プロジェクト

京都文教大学では，地域を対象とする学生の自主的活動の中から，地域特性を活かしつつ，成果が期待できる取り組みを「地域連携学生プロジェクト」として選考し，支援・助成している。

この「地域連携学生プロジェクト」は，単なる課外活動ではなく，教育的なプログラムとして教員と職員がサポートすることになっており，3人以上の学生が1人のアドバイザー教員を自分たちで見つけ，地域のパートナーと一緒に取り組むことがプロジェクト申請の要件になっている。

「地域連携学生プロジェクト」は，2007年度に文部科学省の「特色ある大学教育支援プログラム（特色 GP)」の採択を受けてスタートし，補助期間が終了した2010年度以降は，課外プログラムとしての「地域連携学生プロジェクト」，正課科目として前述した「プロジェクト科目」が，地域をフィールドとした PBL を展開している。

ここでは，2019年度に活動している5団体を紹介する（図5-10)。

①宇治☆茶レンジャー

②商店街活性化隊しあわせ工房 CanVas

③響け！元気に応援プロジェクト

④ KASANEO の活動の様子

⑤ REACH の活動の様子

図 5-10　「地域連携学生プロジェクト」の活動例

①宇治☆茶レンジャー

学生が宇治茶について学び，その魅力を広く地域に発信するプロジェクト。2019年度で結成10年目を迎えた。宇治の秋の風物詩「宇治茶スタンプラリー」やお茶の淹れ方ワークショップなどを実施。「聞き茶巡り」では，お茶屋さんの店主と参加者が会話とおいしい宇治茶を味わうだけでなく，学生ガイド付きのツアーで，まちの魅力も伝えている。

②商店街活性化隊しあわせ工房 CanVas

宇治橋通り商店街振興組合公認団体として，商店街の活性化に取り組むプロジェクト。企画段階から商店街のイベントに参加し，子ども向けブースや周遊イベントなどを企画。まちあるきイベント「宇治ロゲイニング」の開催や，気軽に誰もが参加できる「配布版宇治ロゲイニング」も実施。グルメ冊子の作成にも取り組んでいる。

③響け！元気に応援プロジェクト

宇治を舞台にしたアニメ作品「響け！ユーフォニアム」を通して，地域とアニメファンをつなぐプロジェクト。ファンを対象としたキャラクターの誕生日イベント，地域の子ども向けのワークショップ，聖地巡礼に宇治へ訪れたファンの居場所づくりなどに取り組む。宇治市や宇治市観光協会，地元商店街や企業と連携したイベントなども行っている。

④ KASANEO（カサネオ）

「ファッション」を通じて幅広い世代が交流できる場を提供することを目的に結成された。若い頃に着ていた服を「想い出」とともに，高齢者から提供してもらい，学生が着こなしを考え，ファッションショーや展示会，雑誌などで紹介。服の持ち主の「想い出」を付加価値として発信し，世代を超えた地域コミュニティを形成している。

⑤ REACH（リーチ）

「当事者」をキーワードに，人々の「見えない壁（障壁）」を交流や体験・対話などを通じて少しずつ取り払うことを目標とし，多様な人々が共に生き・共に幸せを感じられる「ともいき社会」のあり方を地域の方々と考えている。2019年度は，依存症当事者の方々と地域のバザーに出展，福祉施設でのレクリエーションの企画・運営を行った。

これらの団体の活動は，大学からの予算措置以外に外部資金として，京都府や諸団体の補助金，学生の保護者会である「教育後援会」，地元企業からの寄付などを受けて行っている。また，「地域連携学生プロジェクト」のほかにも，育児支援や子どもの発達支援，防災，多世代交流，国際交流などに取り組む団体，次項で紹介する教員の研究とコラボレーションした地域での活動などが，宇治市や伏見区を中心とした京都府南部地域で展開されている。

(3)教員の研究とともに育つ学生——ともいき研究を通じた学生の成長

学生が地域で育まれるのは，インターンシップやPBL，課外活動だけではない。教員の研究やゼミ等での地域活動を通じて学生が成長している。京都文教大学の「ともいき研究」が公開講座等で社会還元されるだけでなく，学生教育にも活かされている例を見てみよう（図5-11）。

①地域での学習支援の取り組み

一般社団法人マキシマネットワーク，NPO法人まきしま絆の会，宇治市と京都文教大学が連携し，地域と結びつく親と子の絆づくり，子どもの学習支援に関する研究をしている。放課後，会場となるコミュニティカフェは，子どもたちと学生の熱気に包まれ，学生たちの学習支援にも一段と力がこもる。

この研究は，学習支援と子ども食堂を一体化することで，参加する子どもたちに居心地のよい居場所を提供している。こども教育心理を専攻する学生スタッフが，児童理解について実証的に学びながら，子どもとの信頼関係を構築し，親と子の絆づくりや子ども同士，保護者同士の「つながり」に貢献している。将来，子どもに関心がある学生，子どもにかかわる職業を考えている学生にとって，よき実践の場にもなっている。

②認知症アクションアライアンスの取り組み

「認知症の人にやさしいまち・うじ」の実現に向けて，京都府立洛南病院，宇治市，宇治市福祉サービス公社，認知症当事者チーム，京都文教大学が連携して，宇治市認知症アクションアライアンスに関する研究に取り組んでいる。学生は「大学れもねいど」として，認知症当事者の方々とのグループミーティングやお茶摘み，大学れもんカフェなどの活動に参加している。“れもねいど（Lemon-Aid）”とは，宇治市の認知症事業のイメージである「れもん（Lemon）」に“手伝う・援助する”という意味の「えいど（Aid）」を組み合わせたネーミングである。専門分野の現場に入り，実際に当事者の方々と関わることで，学生は地域に根差した活動の醍醐味や気付き，学びを実感している。

図5-11　地域での学習支援（左），認知症アクションアライアンス（右）の取り組み

3　継続するための仕組みづくり
——顔が見える関係づくり——

（1）行政・経済団体との包括協定

大学と地域との連携，行政や経済団体等との関係を継続していくには，事業や取り組みが一過性のものとならないよう，また，担当者の異動や転勤等でつながりが途切れないよう，組織と組織で対応する必要がある。そのために，京都文教大学では，2010年以降，順次，京都府南部地域の行政や経済団体との包括連携協定を締結してきた。

まず，2010年2月に大学が所在する宇治市と大学として初めてとなる包括連携協定を締結した。「大学COC事業」に採択された2014年度の年度末にあたる2015年3月に京都府，2018年2月に久御山町，「大学COC事業」最終年度の2019年2月に相楽郡精華町，2019年3月に宇治商工会議所，城陽商工会議所，久御山町商工会と協定を締結した（2020年1月には城陽市と，3月には京都市伏見区と包括連携協定を結んだ）。

宇治市とは，COC事業に採択された2014年度の4月から毎月，宇治市，京都文教大学，京都文教短期大学の地域連携部局担当者が顔を合わせ，連携協力の情報共有，具体的な提案などを行っている。また，宇治市の課長級の職員と大学側の地域連携委員を務める教員との「連携協力推進会議」，宇治市長と京都文教大学・短期大学学長との「連携協力懇談会」を毎年開催し，宇治市との連携を深めてきた。

京都府には，学生の地域での活動を支援してもらう「１まち１キャンパス事業」の補助金を通じて，前節で紹介した「地域連携学生プロジェクト」の宇治市内での活動や京丹後市内のものづくり企業を見学するバスツアーなどの活動をサポートしてもらっている。

(2)地元企業・行政・経済団体との連携

京都文教大学は，2013年度に京都中小企業家同友会に京都府内の大学として唯一の会員として入会し，南部地域会，宇治支部に所属している。入会前からも，京都文教大学のキャンパス内で南部地域会の「ワンテーブル企業交流会」の開催や正課科目「プロジェクト科目」において，地域の経営者にゲスト講師に来ていただき，大学からも事業所を見学させてもらうなどの連携を行ってきた。また，入会後も宇治支部の例会を京都文教大学内で開催する，COC 事業の外部評価委員を南部地域会長に務めていただくなど，連携を深めてきた。

2018年６月には，「大学・地域・同友会がつながる共生（ともいき）社会の実現をめざして」をテーマに，京都中小企業家同友会宇治支部の例会を京都文教大学で実施した。平岡聡学長，地域協働研究教育センター長の森正美教授が「大学 COC 事業」や「COC+事業」の取り組みを紹介し，会員企業と学生が「ともに育ち合う」ために，「何」ができるかについて議論した。

京都文教大学が京都市伏見区と隣接することもあり，京都中小企業家同友会伏見支部とも2016年度から「産学連携例会」を実施している。『魅力ある企業と人財の発見――「はたらく」を産学連携で考える』『中小企業はなぜ私たち学生を求めているのか――新卒採用で企業は変わるのか』『ワクワクする企業キラキラした私』（図５-12）などをテーマに，毎年，経営者と学生，教職員が交流し，グループ討論を行ってきた。2018年11月に開催された例会では，新卒採用をしている企業の経営者と新卒若手社員をパネラーに迎え，就職活動のときに感じたお互いの印象や入社前と入社後にギャップがなかったか，現在の率直な心境などについて，パネルディスカッションを行った。若手社員が京都文

図５-12　京都中小企業家同友会宇治支部（左），伏見支部（中央・右）との連携例会チラシ

教大学の卒業生だったこともあり，参加した学生にはリアリティがあり，身近に感じられるようだった。パネルディスカッション後に，「学生に選ばれる企業像・企業に求められる学生像」について，中小企業の経営者と学生を合わせた約70名がグループ討論を行った。また，前年の2017年に実施した際は「学生と企業が育ち合うインターンシップとは」をテーマにパネルディスカッションを行い，京都文教大学の「地域インターンシップ」で学生を受け入れてくれた実習先と実習生がペアになって，パネラーを務めた。インターンシップの受け入れを検討している企業や受け入れたことがない企業にとって，具体的な受け入れ事例を知る貴重な機会になった。

前項で触れた京丹後市内のものづくり企業を見学するバスツアーは，丹後機械工業協同組合の全面的な協力により実施している。この取り組みは2017・2018年度は２泊３日の課外プログラムだったが，2019年度から「プロジェクト科目（地域）」の１つのクラスとして，授業科目に取り入れられた。

京丹後市内の企業を３社訪問し，その様子をFMたんごでオンエアすることがおもな授業内容であるが，企業見学にとどまらず，京丹後市の地元企業経営者，若手社員との交流もこのクラスの特徴といえよう。地域で働くことは，すなわち，地域に住むことでもあり，地域住民や地域の雰囲気を肌で感じることが，将来的に地域での就職等を検討する際の一助になるであろう。

正課，正課外を問わず，大学と地元企業・行政・経済団体等が，お互いの「顔」が見える関係の中で，「地域で学生を育むこと」を共有し，思いを一つにして連携することで，学生と地元企業，地域のそれぞれがともに育ち，ともに生かし合うことにつながっていると思われる。

(3)「ともいきパートナーズ」の取り組み事例

2017年度に「ともいきパートナーズ」を立ち上げてから，年２回の間隔で，地元企業や行政機関，経済団体等を対象に意見交換会や勉強会を実施してきた。

2017年11月16日に開催した「ともいきパートナーズ」の意見交換会では，学外から40人，学内から学生を含め15人が集まった。インターンシップ受け入れ先，京都文教大学の学生，教職員が話題を提供し，地元企業，行政，商工会議所などの経済団体関係者等で，グループ討論を行った。インターンシップの受け入れ実績がない企業や事業所にとって，受け入れ先の事例報告や受け入れ実績のある企業担当者とグループ討論をすることで，次年度以降に学生を受け入れようとする機運を高めることになった。討論では，業界別や職種別，複数企業での受け入れなど，新たなインターンシッププログラムに向けた意見や提案も出された。約３日間の短期で３カ所程度の複数企業での実習体験をする３×３プログラムは，2018年度以降，実際に「地域インターンシップ」に導入されている。

2018年７月には，地元の行政・経済団体と「若者の人材育成と定着」をテーマに意見交換会を行った。当日は，行政側から京都府山城広域振興局，宇治市，城陽市，久御山町，経済団体側からは宇治商工会議所，城陽商工会議所，久御山町商工会，京都中小企業家同友会，滋賀県中小企業家同友会，丹後機械工業協同組合等の参加があり，行政，経済団体の垣根を越えて討論，情報共有等を行った。

また，2019年１月と11月には，「ともいきパートナーズ」の会員企業やインターンシップ，新卒採用に関心のある地元企業を対象に採用活動に関する交流会，勉強会を実施した。

図5-13　「勉強会」での討論，パネルディスカッションの様子

同年11月の「勉強会」では，大学近隣の事業所等を中心に社会人13名，学生6名，教職員6名が参加した。『新卒採用をするために，「今」の学生を知る』をテーマに「企業人と学生の対話」「パネルディスカッション」「昼食懇談会」の3部構成で実施した（図5-13）。

第1部の「企業人と学生の対話」では，社会人，就活経験者（4年次生），就活未経験者（3年次生以下）がワールドカフェ形式で，「今，自社で提供・改善できること」「就活を通じて働きたいと思った会社」「就活前に働きたいと思う会社・職場」について話し合った。

第2部の「パネルディスカッション」では，京都文教大学の正課科目「地域インターンシップ」を通じて生まれた出会いから内定に至った事例を学生と採用した企業の社長にパネラーとしてお話しいただいた。

第3部の「昼食懇談会」では，第1部，第2部で話せなかったことや，もう一歩踏み込んだ内容について，自然と笑みがあふれる和やかな雰囲気で，懇談が行われた。昼食後は，同日午後に開催される「地域インターンシップ実習成果報告会」や「就職ガイダンス」を案内し，今後の自社におけるインターンシップ実施や新卒採用につなげていける機会を提供した。

4　COCからCOC+，その先へ

(1)地方と東京圏の大学生対流促進事業

京都文教大学は，2019年度に内閣府が公募する「地方と東京圏の大学生対流促進事業」に申請を行い，プロジェクト名『産官学民「ともいき学習」による持続可能な地域社会創造人材育成』が採択された。

本事業は，京都文教大学が，東京圏の淑徳大学，埼玉工業大学と単位互換やカリキュラム開発などで協働し，産官学民のパートナー型ネットワークを生かし，地域間格差を抱える京都府全域をフィールドに，PBLやインターンシップ，地域連携学生プロジェクトなどによる「対流型ともいき学習」を展開する。京都府や府内自治体のほか，地元商工会議所，京都中小企業家同友会などの経済界，高齢者グループや地域NPOとも連携し，地域の多様な主体との関わりの中で，地域の個性や課題の複雑さに触れ，「学ぶ」「働く」「暮らす」がつながってこそ実現する「持続可能な地域社会を創造できる人材」の育成を事業の目的にしている。

2019年度は，京都府南部地域に所在する企業等でのインターンシップや，行政・経済団体等と協働した「京都府南部地域自治体・経済団体課題解決ワークショップ」，京丹後市内の企業や高等学校と協働して実施する「京丹後の魅力発見・発信ツアー」などを計画した。2020年度以降は，３大学間での単位互換や国内留学，学生・教職員の交流などを展開する予定である。

（2）高大接続から幼保小中高連携，生涯学習へ

2014年度から京都文教大学で展開されてきたCOC事業，COC+事業も2019年度で事業期間が終了した。一方，高等学校の現場では，2018年３月に公示された新しい高等学校学習指導要領を踏まえ，高等学校が自治体，高等教育機関，産業界等との協働によりコンソーシアムを構築し，地域課題の解決等の探究的な学びを実現する取り組みを，文部科学省の「地域との協働による高等学校教育改革推進事業」として，推進するようになった。

この事業に，京都文教大学とかねてから高大連携に取り組んでいた京都府立京都すばる高等学校が申請し，「プロフェッショナル型」の指定校に選定された。「プロフェッショナル型」は，「専門的な知識・技術を身に付け地域を支える専門的職業人を育成するため，地域の産業界等と連携・協働しながら地域課

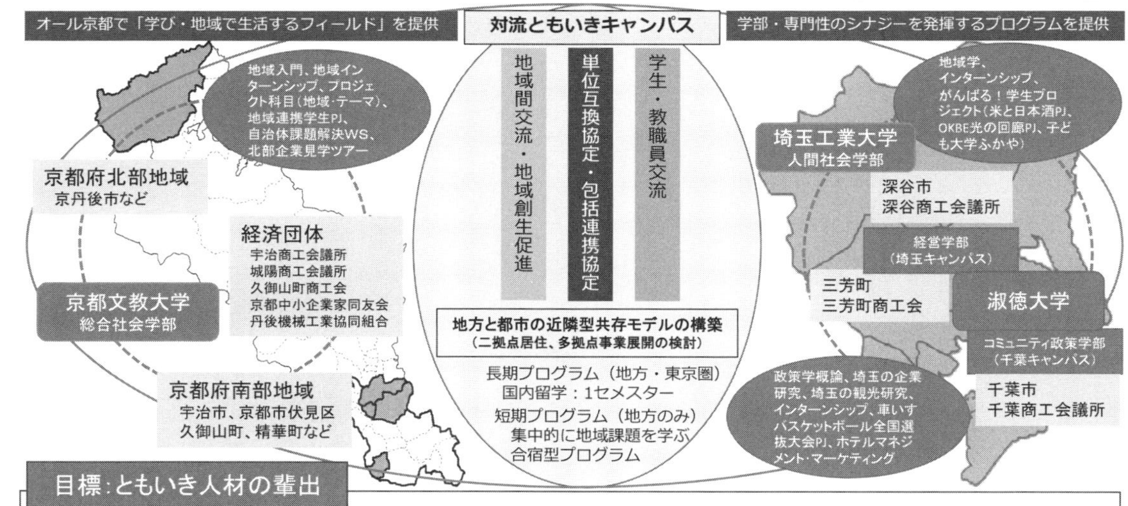

図5-14　産官学民「ともいき学習」による持続可能な地域社会創造人材育成の概要

（出所）　地方と東京圏の大学生対流促進事業申請書より抜粋。

題の解決等に向けた探究的な学びを専門教科・科目を含めた各教科・科目等の中に位置付け，体系的・系統的に学習するためのカリキュラム開発等を実施する。」ことが文部科学省の事業概要に記されており，高等学校版のCOC事業と考えることができる。京都文教大学は協働，連携実績のある京都市伏見区役所や龍谷大学などとともに，京都すばる高等学校が展開する事業のコンソーシアムに加わり，高大接続や地元中小企業との接続等の役割を担っている。

京都文教大学では，2013年度から宇治市との共同事業として，「宇治市高齢者アカデミー」事業に取り組んでいる。本事業は宇治市在住の65歳以上の市民を対象に，週１回の科目履修，月１回のアカデミーアワー（ゼミ活動）の場を２年間提供し，アクティブシニアの養成や多世代交流を目的にしており，学習の成果を生かして，地域活動に参加している受講生，卒業生を輩出している。2019年度には７期生が入学し，卒業生も合わせて150人近いコミュニティが形成されている。

また，上記の「ともいき研究」から派生した「ともいき講座」をCOC版公開講座として位置づけ，現任者向けの専門講座も実施するようになった。他にも，京都文教短期大学の幼児教育学科や2020年度に京都文教大学に新学部として設置された「こども教育学部」のリソースを活用した「教員免許状更新講習」「保育士等キャリアアップ研修」，近隣の幼稚園や保育園を対象とした研修講師の派遣，産業メンタルヘルス研究所が主催する「産業心理臨床家養成プログラム」など，リカレント教育を含めた生涯学習にも力を入れている。

(3) COCからCOC+，その先へ

1996年に京都文教大学が開学して以来の「地域連携」「社会連携」の積み重ねが，「大学COC事業」の採択，「COC+事業」への参画につながり，「ともいきパートナーズ」の取り組みを通じて，「ともに生かし合い」「ともに育ち合う」という思いが，京都府南部地域や京都文教大学を取り巻く，あらゆるステークホルダーと共有されつつある。

京都府南部地域が「ともいき（共生）キャンパス」として「ともに生き生

き」「ともに生かし合う」地域になることを願って，「ともいきパートナーズ」，そして，京都文教大学の挑戦はまだまだ続いていく。

参考文献

京都文教大学「地域インターンシップ」シラバス。

京都文教大学地域協働研究教育センター「ニューズレターともいき」13号，15号，17号。

京都文教大学「プロジェクト科目（地域）」シラバス。

平成26年度「地（知）の拠点整備事業」公募要領。

平成27年度大学教育再生戦略推進費「地（知）の拠点大学による地方創生推進事業（COC+）」公募要領。

京都文教大学地域協働研究教育センター『平成30年度大学 COC 事業地域志向教育研究――ともいき研究助成事業研究成果報告書』。

コラム6

地域企業としての人材育成と学生への期待

寺重　裕弘
（京都中小企業家同友会／協栄エコソリューション株式会社代表取締役）

日本における企業の約99％は中小企業であり，またその中でも約80％が小規模事業者である。つまり，日本の経済や雇用を支えているのは中小企業なのである。だが，世間では一般的に中小企業に対するイメージはあまりよくは認識されていないのが実情と思われる。

私自身も自分の子どもには，「こんなちっぽけなお父さんの会社に入るより，どこか有名な会社に就職してもらえればいいなぁ」と，また「こんな苦労はさせたくないなぁ」と正直願っていた時期もあった。しかし現在は京都中小企業家同友会で学ばせていただいているおかげで，私たち中小企業が日本の経済・雇用を支えているのはもちろんだが，地域に密着し，地域と連携し，地域に貢献する一役を担っていることを自覚している。

地域に根差す京都文教大学では「ともいき」を大テーマとした取り組みを進めている。その一環で，弊社も４年間で３名のインターシップを受け入れ，京都中小企業家同友会の会員企業へも多数の学生が，インターンシップや企業見学に率先して参加し，実習成果を上げている。また，パートナーズ協力プログラムを含む地域人材の育成と定着促進をめざす実践も着実に進められていることも実感している。

「ともいき」での活動を通じた「ともいき研究」では，地域の企業やこの地域で暮らす人々と共に連携し，地域が抱える課題などを研究し，この研究成果を地域へも還元されている。近年キャリア教育が，世間では求められるようになってきている。京都文教大学におけるキャリア教育は「ともいき」を通じて以前から行われており，大学自身が私たち京都中小企業家同友会の会員でもあり，2020年度中に包括連携協定も締結する運びとなっている。

また地域に根差す中小企業に求められている一つに，この地域で暮らす若い世代の人たちが，この地域で働きがいや生きがいを感じてもらう活動も，今後いっそう伸ばしていくことの大切さを感じている。インターンシップや企業見学だけではなく，「互いに学び合い，高め合う，「ともいき」の理念を楽しんで共感」というテーマの「ともいき（共生）フェスティバル」などにも積極的に参加し，地域の魅力を発信する一助になれればと考えている。

私たち中小企業が，京都文教大学の学生の皆さんに求めるものは，ただ特定の企業に行って特定の知識や技術を習得するのではなく，さまざまなことに挑戦してもらい，

同友会例会

インターンシップ

その過程でたくさんの失敗を経験し，その失敗の経験を糧として，大きく成長し続けていただきたいということである。

これからも，京都文教大学の教職員・学生の皆さんと共に歩み，また，故郷へ戻られる学生の皆さんも，この地域で学ばれたことを糧とし，明日の社会に貢献できる人になっていただくことを祈念している。

第6章
フューチャー・デザインとは何か[1]

1　フューチャー・デザインとは何か

我々は，気候変動の激化や，生物多様性の崩壊，政府債務の膨張など，解決に非常に長い時間がかかる問題に直面している。例えば，気候変動においては2018年10月，国連気候変動に関する政府間パネル（IPCC）より，人間と自然生態系が持続可能であるためには，産業革命前の1.5度以内の気温上昇に抑えなければならない，そのためには2050年頃までに二酸化炭素の排出量をゼロにする必要がある，とのレポートが提出された[2]。もはや猶予はなく，最後通牒といえる内容である。

産業革命以降の科学は何をしてきたのか。科学の９つの領域で評価したのがRockström et al.（2009）による「地球の限界（planetary boundaries）」である。生物多様性はほぼ崩壊し，ティッピング・ポイント（元に戻れなくなる境目）を超えているし，気候変動には黄信号がともっている。ここ百年あまり，二酸化炭素の排出量は一貫して増え続け，Maggio et al.（2012）は，人類が21世紀〈前半〉のみで燃やすであろう石炭の量は20世紀に燃やした石炭の約1.7倍，石油だと約1.5倍，天然ガスだと約３倍と予想している。安成（2018）によると，新生代（約6500万年前から現代まで）に最も気温が高かったのが約5500万年前の暁新世・始新世の境界であるが，現代の大気中への二酸化炭素放出量は年あたりでみるとこの時の約10倍である。これに伴い，窒素酸化物，メタン，熱帯雨林消失量，人口，GDP などが20世紀半ばから急激に増加している。Steffen et al.（2015）は，これらを指し，「超加速（the great acceleration）」と呼んでいる。

環境問題も深刻だが，転じて日本の財政赤字も深刻である。国債と地方債の総額残高は約1100兆円で，日本の国内総生産の2年分を超えている。当然ながら財政赤字は将来世代へとつけ回されるもので，これもまた難題である。

現世代のみならず，将来世代にまで影響を及ぼす，長期にわたる問題が解決しがたいのは，我々の社会の基本的な2つの柱である「民主制」や「市場」に起因するのではなかろうか。これらの仕組みは，後述するように，残念ながら，将来世代を取り込む仕組みではない。それでは，持続可能な社会と自然を将来世代に残すには，どのような社会の仕組みをデザインしたらよいのだろうか？民主制や市場を縛り，将来世代を取り込む仕組みのデザインとその実践を目指して誕生したのが「フューチャー・デザイン（以下，FD）」である。FDは2012年に始まって以来，いくつかの大学で研究が進み，いくつかの地方自治体での取り組みが始まっている。その具体例を紹介する前に，まずは，なぜヒトは長期的な課題を解決しがたいのか検討したい。

2　人の性質と社会制度(3)

神経科学者のSapolsky（2012）によると，ヒトには3つの特性があるという。1つは〈相対性〉で，我々の五感は絶対量ではなく，その変化に反応する。例えば急に暗くなったり，大きな音がしたりすると反応してしまう。これは自己の生存可能性を高めるための特性で，これを変化のないところ（評価関数の最大点）を求めるとするなら，相対性は最適性の原理である。2つ目が〈近視性〉だ。ヒトは，目の前の美味しいものを我慢して食べずにいることは難しい。つまり，衝動性があり，これを拡大解釈したものが近視性である。一方で，ヒトは複数の人々が連携を取り，他の動物をも制覇する〈社会性〉も併せ持つ。これが3つ目の特性である。ただし，これは，〈ヒト〉対〈非ヒト〉という対立軸で社会性をとらえるという西洋の伝統に従った見方であろう。一方で，山も川も海も植物も動物も同じ立ち位置であるというほどの意味合いにおける社会性がこれからの科学を変革するエンジンになる可能性を秘めている。

筆者はこれに，同じく神経科学者の Sharot（2011）があげる〈楽観性〉を加えたい。彼女によると，どうも我々は，過去の嫌なことは忘れ，今の快楽を追い求め，将来を楽観的に考えるように進化した可能性がある。

これらヒトの４つの特性を色濃く反映した社会の制度が，先に挙げた「民主制」と「市場」である。民主制は〈現在生きている人々の利益を実現する仕組み〉であり，〈将来世代を取り込む仕組み〉ではない。想像して頂きたいが，自然環境のためには化石燃料を使った移動は禁止するという公約を掲げて市長選に出馬したならば，当選はおぼつかないだろう。一方の市場も〈人々の目の前の欲望を実現する優秀な仕組み〉ではあるものの，〈将来世代を考慮に入れて資源配分をする仕組み〉ではない。残念ながら，将来世代は現在の市場でその意思を表明することができないのである。

経済史学者の Allen（2009）によると，ヨーロッパでは14世紀半ばの黒死病で人口が激減したために，イギリスでは賃金が高騰した。同時に都市化が進展し，木材価格が上昇し，そこでエネルギー源として求められたのが，たまたま手近で豊富かつ安価であった石炭だったのである。そして，炭鉱でたまる水を汲み上げるために，高価な労働者に代わって揚水ポンプを動かしたのが蒸気機関である。まさに有機エネルギーから化石エネルギーへの転換が起こり，「産業革命」を経て様々なイノベーションを経験してきたのである。

これらのイノベーションは，ヒトの相対性，近視性，楽観性を強化するというフィードバックを引き起こす。これがさらに少しでも便利なもの，楽になるものへのイノベーションへの欲求につながる。加えて民主制や市場は，さらなる効率化やグローバル化を促す。このフィードバックの連鎖が，ますますヒトの相対性，近視性，楽観性を強化し，際限のない成長を目指す社会を形作ってきたのではないのか。一方で，この連鎖によって，先述のような様々な失敗を引き起こしてきたといってよい。

とするなら，社会制度そのものの変革が21世紀前半の大きな課題になるはずである。ところが，制度改革のエンジンとなるべき社会科学の様々な分野は，個別のパラダイムに固執し，小手先ではなく，持続可能な未来に向けてどのように制度を変革すべきかという答えを見出していない。例えば，社会学は規範，経済学はインセンティブ，心理学は感情，政治学は権力というように互いにほぼ交わることのない空間を構築してきたのである。

従来の社会科学は，人々の考え方は簡単には変わらないことを前提としてきた。ところがヒトの考え方（性質）は，社会の制度とそのフィードバックで変容するのである。つまり，社会の仕組みである市場や民主制そのものが，我々の考え方を形作っている。そのため，我々の考え方そのものを変革する社会の仕組みのデザインが必要となってくるのである。これがフューチャー・デザイン（FD）の視点である。

3　ヒトの将来可能性とフューチャー・デザイン

親が自らの食べ物を減らし，その分を子供に与えることで幸せを感じることにうなずく人は多いだろう。そこで，「たとえ現在の利得が減るとしても，これが将来世代を豊かにするのなら，この意思決定・行動，さらにはそのように考えることそのものがヒトをより幸福にするという性質」を〈将来可能性〉と定義し，将来可能性を賦活する，ないしはそのスイッチを押す社会の仕組みのデザインを目指すのである。エピジェネテックス（遺伝子の発現を制御・伝達するシステム）風にいうならば，市場や民主制のために発現できなかった将来可能性を発現できる仕組みをデザインし，市場や民主制を縛っていくのである。なお，将来可能性が社会性などとどのように関係しているのかはこれからの課題である。

FD研究の出発点は「イロコイ」である。アメリカ先住民は，5ないし6部族による連邦を組み，この連邦国家の総称をイロコイといった。そして彼らは，重要な意思決定をする際に，自己を7世代後に置き換えて考えたという。想像するに，連邦国家の平和を維持するために遠い将来に視点を移し，そこから今を考えたのであろう。アメリカ建国者たちであるジョージ・ワシントンやベンジャミン・フランクリンは，イロコイから連邦制を学び，それを13の植民地の結束に用いた。建国200周年の際には，上院と下院でイロコイの貢献に感謝するという共同決議文を発してもいる。ただし，アメリカの憲法に連邦制は残ったものの，「7世代」の考え方は残らなかったようである。

イロコイの憲法に相当する「偉大な結束法」の第28条では，「すべての人々，つまり，現世代ばかりでなくまだ生まれていない将来世代を含む世代を念頭におき，彼らの幸福を熟慮せよ」と記されている。つまり，イロコイ連邦における社会の仕組みの根幹である憲法で将来世代の幸福を熟慮するという制度（社会装置）をデザインしていたのである。一方で，多く国々の憲法において，「将来」「世代」「未来」という語句そのものがない。すなわち，今の世代は，イロコイの第28条に相当する社会装置をデザインしていないのである。そこで，FD は，市場や民主制のもとで眠っていた将来可能性を目覚めさせる社会装置をデザインし，実践することを目指しているのである。

2012年，イロコイの考え方を基礎に発足したのが大阪大学環境イノベーションデザインセンターの「七世代研究会」である。この研究会で市場に問題があることを指摘し始めたのが上須道徳氏（大阪大学）である。従来，将来の不確実性があると市場は失敗するという視点はよく知られていたが，将来世代が現在の市場に参加できないため市場は機能しないという視点を導入したのである。これを契機に七世代研究会は，将来の視点を導入するとどのような変革が起こるのかを検討する場となったのである。ある時点で，この研究会は「将来省プロジェクト」と名称が変わった。将来世代の視点を持つ組織として「将来省」を提案し始めたのである。ただ，新たな国家組織を作ることのみが目的ではなく，将来世代を考慮に入れ，様々な変動からレジリエントで持続可能な社会の設計であることに気づき，名称が「フューチャー・デザイン」に変わったのである。

大阪大学の授業で学生に仮想将来人になってもらい，エネルギーの未来や原子力のあり方などに関する討議実験を開始した。きちんと統制された討議ではなかったものの，仮想将来人を導入すると，討議の中身が変容することに気づいたのである。これに加えて様々な分野の研究者が，こんなFD研究をしたいというマニフェストを書いたのが『フューチャー・デザイン』（西條，2015）である。

上條良夫氏ら（2017）は，仮想将来人の効果を，世代間持続可能性ジレンマゲームを用い，実験ラボの中ではじめて検証している。このゲームの最も単純な例をみよう。3人グループの被験者が十分に話をし，AかBかを選ぶ。Aと選ぶと36ドル，Bを選ぶと27ドルを実験者からもらい，それを分けるのである。これだけなら問題なくAを選ぶであろう。ただ，Aを選ぶと，次のグループのAとBのお金が9ドル減り，一方，Bを選ぶと次のグループのAとBのお金は今のグループと同じになるとする。これを何世代も繰り返すという実験である。高知工科大学の学生を用いた実験では，Bを選択したグループは28％であった。一方，同じ実験ではあるもの，3人のうち1人に自分のグループ以降の人々を代表して残りの2人と交渉することをお願いする。このように，仮想将来人という〈新たな社会の仕組み〉を導入すると，Bの選択は60％になったのである。

4　フューチャー・デザインの実践

仮想将来人の効果を検証した後，実践が始まっている。2015年，内閣府が全国の市町村に2060年に向けた「長期ビジョン」を策定するように要請した。この要請を受けた岩手県矢巾町の吉岡律司氏らは，大阪大学の原圭史郎氏を中心とする研究者グループと共にビジョン策定に関わったのである[(4)]。高知工科大学の中川善典氏が，この実践が終わってから半年以上経過したころ，FDセッションで上手に仮想将来人になった人々にインタビューしたところ，彼らは，現在の自分と将来の自分を俯瞰し，その視点から現在を考えていたのである。さらには，仮想将来人として振る舞うことに喜びを感じ，スーパーでの買い物，PTAなどの会合などでも自然と仮想将来人として考えてしまうというのである。これからの検証作業が必要ではあるが，仮想将来人の効果がある種の「頑健性」を有しているようである。

これに続き，矢巾町の高橋昌造町長は，2018年，議会で町がフューチャー・デザイン・タウンであることを宣言し，2019年4月，将来課に相当する未来戦略室を創設している。未来戦略室の最初の課題が総合計画の策定である。矢巾町のFD実践における第二世代といってよい高橋雅明氏（矢巾町役場）がリーダーとなり，中川氏を中心とする研究者グループがサポートし，今まさに総合計画策定が進行中である。

西村直子氏を中心とする信州大学チームが大日向悠氏をリーダーとする松本市と連携し，市庁舎建て替えのFDセッションを実施している。通常の討議だと，窓口の増設や駐車場の拡大，松本城がよく見えるフロアの設置など，今ある不満，または欲望が基本的な要望になりがちだが，仮想将来世代になって検討した人々からは，それらの要望は皆無だった。仮想将来世代の人々は，松本市の人口減少や，AI化，自動運転の発達により，これらは不要であると判断。むしろ，コンパクトでネットワーク型の庁舎を提案したのである。市の真の役割は，市民と一緒に地域の未来を担う人材養成や，課題解決に必要な専門的知識を持つ機関と市民をつなぐハブ機能を市役所が担うべきであるとしたのである。このような提案は新市庁舎の基本方針となり，その青写真にも生かされている。現在は，市の交通体系を将来視点から検討中である。

京都府は，京都府南部の10の市町に用水を供給しているものの，人口減少，施設の老朽化，技術職員の不足など多くの課題に直面している。岸本悠記氏（京都府）をリーダーに，中川氏がサポートし，10の市町の職員とFDセッションを実施している。現在から将来を考える通常の討議では，管路の維持・耐震化が重要な課題になり，耐久性のある管路のイノベーションを望んだのである。ところが，同じ人々が2070年に生きる仮想将来人になり討議すると，2045年頃に東南海地震が起こり，管路にダメージを受けた高台の地区には車での水の供給，ひいてはその地区に池をつくり雨水をため，それを浄水しているという未来を描くのである。そのため，安価な浄水技術のイノベーションが大切になるというのである。このFD手法が，加藤雅俊氏，杉山与和子氏をリーダーとする長岡京市に伝播し，彼らのデザインした新たな手法が，矢巾町の総合計画のFDセッションに用いられるという好循環が生まれている。

人口18万人あまりの宇治市には，高度成長期に様々な経緯で整備してきた公立の集会所が132カ所ある。しかしながら，近年，その多くが老朽化し，維持管理等に多くの費用がかかる。そのため，宇治市の山田雅彦氏をリーダーとするチームを森正美氏（京都文教大学）と中川氏がサポートし，FDセッションを実施した。仮想将来世代となった住民側からは，人口減で発生する学校の空き教室を市民の集まる場所に使ったらどうかという提案が出たのである。FDは，住民と行政が対峙せず，両者が「自分ごと」にできる枠組みを提供しているといってよい。

これらの実践の背後で，様々なFD研究が実施されている。日本では，政策担当者が意思決定の理由を残さない仕組みが常態化しているが，Timilsina et al.（2019）は，意思決定の理由を現世代で共有し，将来世代に残すとその効果が高いことをネパールのフィールド実験で観測している。Nakagawa et al.（2019a, 2019b）は，上手に仮想将来人になった方々の紙芝居を作成し，実験室でその効果を確認し，実践で用いているし，過去のイベントを想起し，それらを評価すること（過去のデザイン）が将来から今をデザインするのに有効であることを，実験，実践を通じて確認している。いわば，Past Design（パスト・デザイン）である。小林慶一郎氏（2019）（慶応・東京財団政策研究所）は，経済思想，哲学の分野でFDを位置づけつつある。また，青木隆太氏（当時，首都大学東京）や小谷浩示氏（高知工科大学）は，なぜ将来可能性が賦活されるのかを行動実験のみならず，脳の血流動態反応を見る装置であるfMRI（脳の血流動態反応を見る装置であるfMRI）を用い，ニューロ的な基礎を探る研究を開始している。FD研究とその実践は急速に拡大しているものの，本章ではその主要な部分のみしか紹介できないことをお許しいただきたい。

5　フューチャー・デザインの未来

行政のレベルでの提案は議会での承認が必要である。ただ議会のメンバーは仮想将来人になることを要請されてはいない。そのため，議会に例えばFD委員会を設け，そのメンバーになるとさまざまな政策を将来世代の視点から吟味し，さらには将来世代の視点から現世代に新たな政策を提案するという役割を課すのである。このアイディアは，市町の議会に限らない。国家レベルでも可能であろう。たとえば，参議院を将来議院に衣替えし，将来議員を目指す人は，将来世代からみたビジョンの提案を選挙民に示し，競争するのである。つまり，民主制そのものをFDで縛っていくのである。さらには，政策実施の現場におけるFDもこれからの重要な課題になるであろう。

FDの適用可能性は小規模な地域に限らない。マンデルブロ集合の図[(5)]をご覧になったことがあるだろうか。その図の小さな一部の構造が図全体と同じ構造を持っている。現時点では，市町や府のレベルでのFD実践ではあるものの，たとえば，G7の首脳たちが，仮想将来大統領，仮想将来首相などとして交渉する時間を持つようにするのである。そうなれば，彼らを支える人々も現代の政策と将来からみた政策を付き合わせて考えざるを得なくなる。そのような状況で世界の首脳が討議をする場を設営するなら，討議の中身が変わっているだろう。また，国際連合を含む国際機関の意思決定の手法も変化していくに違いない。

現状では，FDは市場の改革に取り組めてはいない。将来世代の視点から，何を市場に任せるのか，何を任せてはいけないのかという議論から始まり，任せるのならどのように任せるのかという作業が必要となるであろう。たとえば，二酸化炭素排出に関わるカーボンバジェットのパスを設定し，それに基づき排出権を発行し，市場に任せるという手法は，市場を縛る一つの手法である。このような手法はさまざまな研究者から提案はされているものの，政治プロセスがそれをサポートするには至っていない。この意味でも，FDの視点から民主制と市場の変革が同時並行で進まねばならない。

これからのFDの展開に期待をしたい。

注

(1)　本章は，西條（2019）の拡張版である。中央公論新社の工藤尚彦氏による様々な示唆に感謝したい。

(2)　https://www.iges.or.jp/cop/ipcc/48/index.html を参照されたい。

(3)　Saijo（2019）を参照されたい。

(4)　Hara et al.（2019）を参照されたい。

(5)　https://ja.wikipedia.org/wiki/ マンデルブロ集合（2020/8/5参照）。

参考文献

Allen, R. C.（2009）*The British industrial revolution in global perspective*, Cambridge: Cambridge University Press.

Hara, K., R. Yoshioka, M. Kuroda, S. Kurimoto and T. Saijo（2019）"Reconciling intergenerational conflicts with imaginary future generations - Evidence from a participatory deliberation practice in a municipality in Japan -," *Sustainability Science*, 14（6）: 1605-19.

Kamijo, Y., A. Komiya, N. Mifune, and T. Saijo （2017）"Negotiating with the future," *Sustainability Science*, 12（3）, 409-420.

Maggio, G. and Gaetano, C.（2012）"When will oil, natural gas, and coal peak?" *Fuel*, 98, 111-123.

Nakagawa, Y., K. Kotani, M. Matsumoto, and T. Saijo（2019a）"Intergenerational retrospective viewpoints and individual policy preferences for future: A deliberative experiment for forest management," *Futures* 105, 40-53.

Nakagawa, Y., R. Arai, K. Kotani, M. Nagano, and T. Saijo（2019b）"Is an intergenerational retrospective viewpoint effective in forming policy preferences for financial sustainability in local and national economies? A deliberative experimental approach," *Futures*, 114 : 102454.

Rockström, J. et al.（2009）"A safe operating space for humanity," *Nature*, 461（7263）, 472-475.

Saijo, T.（2019）"Future Design," Laslier, Moulin, Sanver, Zwicker（Eds.）, *Future of Economic Design: The Continuing Development of a Field as Envisioned by Its Researchers*, Springer-Nature.

Sapolsky, R. M.（2012）"Super humanity," *Scientific American* 307（3）, 40-43.

Sharot, T.（2011）"The optimism bias," *Current Biology* 21（23）, R941-R945.

Steffen, W. et al.（2015）"The trajectory of the Anthropocene: the great acceleration," *The Anthropocene Review* 2（1）, 81-98.

Timilsina, R., K. Kotani, Y. Nakagawa, and T. Saijo "Accountability as a resolution

for intergenerational sustainability dilemma," SDES-2019-2, Kochitech.
小林慶一郎『時間の経済学：自由・正義・歴史の復讐』ミネルヴァ書房，2019年。
西條辰義編著『フューチャー・デザイン』勁草書房，2015年。
西條辰義「フューチャー・デザインとは何か？」『中央公論』2019年９月号。
安成哲三（2018）『地球気候学』東京大学出版会。

コラム７

市民発「フューチャー・デザイン宇治」が描く〈宇治の未来〉

山上義人
（フューチャー・デザイン宇治　世話人）

「フューチャー・デザイン宇治」が市民主体の活動として実際に動きだしたのは，2019年３月２日である。しかし，「フューチャー・デザイン宇治」の発足について述べるにあたり，前史を少し，説明しておきたい。

私が「フューチャー・デザイン」という手法に初めて出会ったのは，2018年10月８日，宇治市主催の宇治市生涯学習センターで開催された「地域コミュニティの未来を考えるシンポジウム」において，高知工科大学の西條辰義先生の講演を聞いたときである。30年後，50年後といった未来人の視点で地域社会のことを考えるという発想に「衝撃」を受けたのを，今もよく覚えている。

宇治市は，その後，シンポジウムを受けて４回シリーズの「地域コミュニティの未来を考える」ワークショップを開催した。ワークショップには，自分で応募した約30名の市民が参加された。中学生から70代の方まで老若男女が毎回，熱心な議論を交わし，2019年１月に終了した。

「フューチャー・デザイン」という手法が大変面白く，集まった皆さんの意欲も高く，このまま，ワークショップを終えるのは，「もったいない」と感じたため，最終のワークショップで「この集まりを継続しませんか」と呼びかけた。当初は10人ぐらいの賛同が得られればと思って声をかけてみたが，実際は20人以上の賛同が得られた。行政を巻き込まない市民だけの手づくりのワークショップを継続していくため，周囲にいる４人のメンバーに声をかけて「世話人会議」を発足させ，数カ月に１度というペースで「フューチャー・デザイン」ワークショップを継続している。

ワークショップは，宇治市が実施してきた４回シリーズの「地域コミュニティの未来を考える」ワークショップを参考にアレンジをしながら，開催してきている。毎回，約20人の参加者があり，いつも時間が足りなくなるぐらい熱のこもった議論が交わされている。これまでは，

ワークショップの様子①

ワークショップの様子②

Ａグループ「健康でいきいきと暮らせるまち　長寿社会への対応」
Ｂグループ「地球温暖化の脅威と水害対策」
Ｃグループ「商業の振興によるつながりとにぎわいの創出からみる地域コミュニティの育成」

といったテーマ別にグループワークを行い，①それぞれのテーマの現状と課題を出し合う，②30年後の未来人になってビジョンを描く，③30年後のビジョンを実現するための道筋や必要条件を考える，といった角度から議論をしてきた。

個人的な感想でいうと「30年後の未来人になってビジョンを描く」というグループワークがもっとも刺激的で活発な意見交換ができたし，参加された皆さんの目の輝きが違うなと感じた。人数も５～６人と議論するにはもっとも手ごろな人数で，参加者の全員が情報を共有しながら「共通のビジョン」に至ることができたのは，驚きだった。我々は，10年後の未来を予測するのも難しい時代状況に生きているが，30年後といった長期の将来を見据えて「未来人へのささやかなメッセージ」を送ることを喜びと感じながら活動を続けている。

今後，宇治市が策定する第６次総合計画とも連携しながら，市民版の「宇治の未来像」を描いていくことにしている。

第7章
フューチャー・デザインで描くコミュニティの未来
――宇治市の取り組み――

さまざまな地域課題を抱える地域社会の「将来（フューチャー）」について「構想（デザイン）」することを意思決定の方法に組み込むことで，将来世代につながる地域の持続性を担保しながら，よりよい将来を構想する「フューチャー・デザイン」。本章ではその考え方や実践手法を取り入れて，コミュニティの未来を考える取り組みを始めた宇治市における事例を紹介し，今後の地域づくりの新たな可能性を提示する。

1　フューチャー・デザインとの出会い

地域は，さまざまな課題に満ちている。そして，それらの課題は多様な立場の人々の利害の複雑な網の目のなかにあり，簡単には解決できない。解決しようとすると，立場の違う人々の意見が対立してしまう。たとえ一定の合意が得られたとしても，多くの場合には「総論賛成，各論反対」ということが多く，具体的な判断や選択が難しいことも少なくない。

まさにそのような経験が，序章でもふれた宇治市のコミュニティ活性化に関する活動でも続いていた。つまり，「コミュニティは活性化させないといけない」「地域のつながりは大切だ」という大きな前提に反対する者はいない。それは住民であっても，行政であっても，あるいは政治家であっても同様である。しかし，では「どのように活性化をするべきなのか」「実際にどんなアイディアでコミュニティ活性化は可能なのか」「誰の利益が優先されるべきか」という具体的な議論や選択になると，それぞれが持っている「地域」や「コミュニティ」に関する経験，イメージや考え方があまりにも多様で，検討委員会や，地域でのワークショップや懇談会などでも，意見の一致をみることはほぼ難しかった。筆者自身も，宇治市からの依頼を受け，「町内会・自治会活動推進検討委員会」（2011年度）およびその継続である「地域コミュニティ活性化検討推進委員会」（2012-2014年度）の委員長としてまとめ役を命じられた。委員会メンバーは，さまざまなかたちで実際に地域活動を実践している市民が中心で，そこに子育て世代のPTA組織の代表が加わっていた。しかし委員間でも世代間，地域間格差が大きいことを実感した[(1)]。また，それらの多様性を超えた大局的な観点から方向性をまとめることも非常に難しく，結局は，共通する地域課題の抽出と構造的な活性化支援の方向性を示すだけで精一杯だった。

一方，行政である宇治市は，すべての地域課題を行政が担うのではなく，住民との協働で推進したいという意向はもっている。さまざまな部局ごとに，市民向けの啓発講座や人材育成型の講習を開催したり，市民参加型のワークショップを実施するなど，一定のアクションは取られるようになっている。

しかしながら，序章でも述べたように，地域コミュニティにおける活動において，市民活動を支援し住民協働を推進するための総合的な計画を有するわけではない。さらに，地域の成立の歴史や特性の多様性をふまえた方針を打ち出し，それを実行に移していくというような決断力が発揮されているわけでもない。

また，さまざまな計画を策定する行政の委員会の一部にも，一定数の市民公募委員が含まれてはいるが，その役割は計画の原案を最初から一緒に考えたりするようなものではなく，行政事務局によって策定された原案について意見交換する程度にとどまっているように見受けられる。

このような状況下で，筆者自身はすでに15年以上，宇治市のさまざまな分野の委員会や計画策定，研修，研究業務などに関わり，実際に，行政，市民，地元団体，企業，大学の学生など，いろいろな立場の人々と宇治市での地域連携活動を展開してきた。そして，コミュニティ施策を提言に留めるのではなく具現化するために，宇治市の文化自治振興課（2020年度から自治振興課に改組）との共同研究を進めていた。

そのなかで，京都文教大学で学ぶ宇治市高齢者アカデミーの学生から，高知工科大学フューチャー・デザイン研究所所長の西條辰義先生の取り組みを教えていただき，講演会に参加することにした。参加に際しては共同研究のパートナーである宇治市文化自治振興課の職員にも声をかけた。1時間あまりの講演だったがとても大きな刺激を受け，可能性を感じた。講演内容をすべて理解できたとはとても思えないが，現代社会と将来に対する切実な危機感を基盤にしたフューチャー・デザインの視点の斬新さと，その取り組みを通じて地方自治体などにおける意思決定方法やその背景にある思考を変え，社会の仕組みそのものを変革しようという熱意が伝わってきて，講演を聴きながらわくわくするような興奮を覚えた。つまり，この考え方と手法を導入することが可能になれば，利害対立で合意形成が難しいさまざまな地域課題についての視点転換と，視点転換を通じた新たな合意形成手法が見出せるかもしれないと感じた。そして「近視性」(西條，2015) に囚われた選択を繰り返しているうちに，宇治というまちの将来が不安定なものになってしまうという事態を回避できるかもしれないという強い期待を感じたことを今でも覚えている。

共同研究者の宇治市職員も筆者と同様の感想を持ち，まずはフューチャー・デザインについて学んでみようと話し合った。

2　宇治市におけるフューチャー・デザインの取り組みの始まり

フューチャー・デザインの講演会の聴講体験に続き，宇治市職員が京都府で実施されたワークショップを見学した。そのワークショップは，京都府職員を対象とし，「環境」をテーマに，西條氏と高知工科大学フューチャー・デザイン研究所の中川善典氏がワークショップデザインとファシリテーターを務めていた。

(1)フューチャー・デザインの試行体験

これらの見学とその後のやりとりを経て，西條氏と中川氏のご厚意で，共同

表7-1　本日のシンポジウムについて　（人）

大変有意義だった	22
有意義だった	34
不満足だった	5
非常に不満足だった	1
無記入	5

表7-2　「フューチャー・デザイン」という手法の理解　（人）

理解できた	44
理解できなかった	2
どちらともいえない	16
その他	0
無記入	5

研究の一環として京都文教大学を会場として，2018年２月19日に，市民向けの「フューチャー・デザインで考える地域コミュニティの未来」というテーマのワークショップを開催した。約70名の市民，市職員が参加し，「フューチャー・デザイン」についての講演を受けて，宇治市のコミュニティの未来についてワークショップ体験を通じて理解を深めてもらった。

参加者からは，「仮想将来世代という役割を設定するという考えが，とても興味深く感じた」「過去をふりかえることはあっても，未来はなかなか予測していない」などといった感想が得られた。

(2)フューチャー・デザイン・シンポジウム

2018年度は，これまでの共同研究の中心に，「フューチャー・デザイン」を組み込むこととした。そして，まず広く市民に「フューチャー・デザイン」について知ってもらうためのシンポジウムを開催し，その後のワークショップにつなげようと計画した。

約100人の市民が参加したシンポジウムでは，宇治市職員から財政や地域の現状についての説明があり，その後西條氏の講演，そしてそれを受けて，市長，福祉関係者，防災活動に取り組む市民を交えて議論した。子育て世代の参加者を募るため，小学校を通じて家庭にも案内を配布するなどした結果，一定数の子育て世代が参加して，その後のワークショップへの参加にもつながった。

来場者のアンケート結果（表7-1，表7-2）からは，新しい考え方が刺激的だった様子がよく伝わってくる。

シンポジウムの感想としては，「未来の視点にたって考えるということが印象に残る言葉だった」「現在から未来を予測するのではなく，未来から現在を考える斬新な考え方が気に入った」「将来の社会の仕組みの構想方法について考えることが出来た」「『フューチャー・デザイン』は難しい」というものであった。

図7-1　市長も参加したディスカッション

図7-2　会場の様子

「今やらないと本当に次世代にうらまれると感じている」「未来に対して誰もが責任を持つという意味においても，大変効果のある考え方であると思う」「宇治市全体を空から見て考えるような大きな視点が必要だと感じた」「考え方は新鮮であった」といった，発想そのものに対する賛同があったのと同時に，新たな考え方であるがゆえに，次のような疑問も表明された。

「仮想将来世代の人がその立場になりきるための条件，情報などが知りたい」「手法活用は有効だが，七世代先とは200年先，まったくそのころの人の意識は読めない」「地球規模と範囲が広すぎて，狭い範囲だとどうかかわれるのか分からない」「有効性や意義以外にも，その限界や問題点，デメリットなども知ることができたらと思う」。参加者は一定の危機感と期待を共有しているが，フューチャー・デザインをコミュニティの将来と結びつけて考えたり，話し合ったりするには，かなり工夫が必要だということがこのシンポジウムで認識された。それを受けて，年度後半のワークショップのデザインを開始していった。

(3)市民参加型連続ワークショップの開催

1)目　的

宇治市文化自治振興課との共同企画で，「かんがえよう　これからの地域の未来」というテーマで，市民公募型のフューチャー・デザインの連続ワークショップを開催することにした。以下のような趣旨で，市民を募集した。

地域では，まちづくりや防災，福祉，青少年育成等の団体が様々な地域活動に取り組まれていますが，近年では，少子高齢化や価値観の多様化等を背景として，担い手不足等の課題があり，地域のつながりが希薄化している所も見受けられます。しかしながら，地域の課題解決や住民共通の思いや願いを社会全体に反映していくうえで，地域コミュニティ，住民相互の助け合いは重要なものであると考えており，まちづくりの担い手である地域住民を対象とし，宇治市の地域コミュニティの未来に向け，今，何が必要なのかを考えていただく場としてワークショップを開催しました。

本ワークショップは，高知工科大学・京都文教大学との共催により，将来世代の視点・利益を反映する「フューチャー・デザイン」という手法を取り入れることで，既成概念にとらわれない，自由な発想で宇治市の地域コミュニティの未来を描くことにより，参加者がこれまでとは異なる視点を得ることで，今後の地域活動の一助となればと考えております。また，宇治市の現状や地域実態，活動の課題等についての理解を深め，幅広い世代での意見交換や情報共有の場を設ける事で地域の主体的な活動を支援するとともに，地域間の連携や交流を促すことで，地域コミュニティの活性化に繋がるものと考えております（宇治市ワークショップ開催報告より抜粋）。

2)参加者募集方法

ワークショップの企画段階では，2017年度までの単発型かつ啓発型のワークショップではなく，継続的にかつ主体的に参加してもらえるメンバーを集めなければならないというところが，まずは課題であった。

つまり，ワークショップは，テーマに関心もない層にも参加可能性を広げるために無作為抽出で参加者を募るのがよいか，公募型で意欲や関心のある市民に集まってもらうほうがいいのか，参加者に世代や地域の偏りが出てしまわないかなどを検討した。結果としては，筆者たちも初めてのワークショップであるため，まずは意欲のある市民に集まってもらい，宇治市のフューチャー・デザインを牽引する人材になってもらうと同時に，担当職員も含めて共にフューチャー・デザインの手法を理解しようということを確認した。定員の30名を超える応募があり，地域と世代に配慮して職員が代理くじ引きを行い参加者を決めた。結果として，主に40代から70代の計32名が参加した。比較的高齢者が多くなったが，なかには中学生の参加もあったし，シンポジウムで興味をもってくれた子育て世代も参加してくれたので，地域コミュニティの縮図のような年齢構成に近づけることができた。

3) ワークショップ体制

全4回のワークショップ全体の企画・進行は，高知工科大学の西條氏と中川氏が担当し，各班のファシリテーションと書記は，これまでにもフューチャー・デザインのワークショップに関わってきた高知工科大学の学生と，宇治市職員，新たに募集した京都文教大学の学生が担当した。筆者自身は，全体の取り組みを参与観察すると同時に，高知工科大学と宇治市がワークショップデザインを企画検討する際の伴走者として，意見を求められれば話し合うというスタンスで，これまでの宇治市での他のワークショップの経験をふまえて運営方法やワークショップ進行についての意見を出した。筆者もフューチャー・デザインについてはまったくの素人だったので，そういう意味では市民と同等の目線で，しかし全体を俯瞰的に観察しながら疑問に思ったことや気付いたことを言語化し，共有することを意識しながら関わっていた。

また，連続ワークショップのテーマ設定をどうするかについては，宇治市，高知工科大学，筆者を含めてさまざまな議論があった。それまで宇治市では，「集会所」などの活用を考える「集会所再生プラン」，公共施設の維持管理を考える「公共施設管理計画」などが策定され，さらに「コミュニティ再編計画」の策定の議論が進められていた。

一方，フューチャー・デザインの取り組みとしては，焦点を明確にした方が議論がしやすいのではないかという考えもあった。しかし住民間で賛否を二分する対立軸が生まれるような狭いテーマ設定をしてしまうと，広い視点で前向きに将来のビジョンを議論することが難しくなることが予想された。またワークショップを共催する行政も対立的な構造を回避することを望んでいた。そこで「集会所」をワークショップの中心に位置付けるのではなく，より広いコンテクストの「コミュニティ」をテーマに据えることになった。

4)ワークショップの概要と成果

全4回のワークショップでは，現世代と将来世代になって考えるだけでなく，「過去を知る」という時間軸を超えるためのトレーニングになるような回（第2回）も組み込まれていた。全体構成と概要を，宇治市の報告を元に示す。

〈第1回　現世代の視点から考える〉

宇治市文化自治振興課職員が，宇治市の財政状況や地域支援策，地域の現状等の説明を行ったうえで，各グループに分かれ，2018年を生きる現世代として，2048年の宇治市の地域コミュニティの将来について検討した（図7-3）。

〈第2回　過去を知る〉

市職員 OB の五艘（ごそう）雅孝氏と現職の市職員である宇治市文化自治振興課長に，筆者がコーディネーターを務める形式で，対談をしてもらった（図7-4）。五艘氏の職員としての経験や，約40年前からの宇治市の状況や時代背景を踏まえながら，当時のコミュニティ施策の推進にあたっての思い出を話していただいた。当時は，高度経済成長期の人口増加の時期であり，市民へのサービスを均等に平等に提供することをめざす「シビル・ミニマム」という考え方によって，行政施策が行われていたことを共有した。

図7－3　ワークショップの様子（第1回）

図7－4　過去の宇治市について語る五艘氏（中央）（第2回）

図7－5　講演「フューチャー・デザイン」（左）と各班の議論を全体で共有する様子（右）

そのお話を聞いた上で各グループに分かれ，2018年を生きる現世代として過去の市や住民等に対し，メッセージを送るというグループワークを実施した。

〈第3回　将来世代の視点で考える（1）〉

西條辰義氏による「フューチャー・デザイン」についての講演を実施した（図7－5）。さらに岩手県矢巾町での「フューチャー・デザイン」を活用したワークショップの状況を題材にして，中川善典氏が作成した，将来人になることやフューチャー・デザインのワークのイメージがわかりやすい紙芝居を上映した。その上で，各グループに分かれ，2048年の世界に生きる将来世代として，2048年の宇治市の地域コミュニティの姿を描いた。

表7－3　ワークショップに参加した感想

（人）

大変有意義だった	14
有意義だった	10
どちらかといえば有意義だった	2
どちらとも言えない	0
どちらかといえば不満足だった	2
不満足だった	1
非常に不満足だった	0

表7－4　「フューチャー・デザイン」という手法への理解について

（人）

理解できた	12
ほとんど理解できた	9
どちらとも言えない	7
あまり理解できなかった	1
理解できなかった	0

〈第４回　将来世代の視点で考える（２）〉

３回目に引き続き，各グループに分かれ，2048年の世界に生きる将来世代として，2048年の宇治市の地域コミュニティの姿を描き，その姿にたどり着いた過程を整理した。

5)参加者アンケート結果

全４回のワークショップを終えて，参加者アンケートを実施した。アンケート回答者数は，29名であった。年齢構成は，40代以下が９名，50代３名，60代７名，70代以上が10名であった。シニア層の割合が高いが，中学生１名や子育て世代も参加していた。

表７－３に示したように，ワークショップはおおむね好評だった。具体的な感想をみてみると，「30年後の未来を考えて，今我々が何をすべきかを考えることが出来た」「今に生きる者の責任を学んだ」「様々な考えに触れることが出来た」「年代の違う方たちとの交流は有意義だった」「自分の置かれている立場がよく分かった」「将来を考えることの意義を強く感じた」と肯定的なコメントが多数あった。

また，「フューチャー・デザイン」という手法への理解（表７－４）については，「バーチャルからリアルへの展開ができた」「理解できたが，実際に将来世代として振る舞うことは難しかった」「未来までのプロセスと参加者それぞれのアイデアを統合していくのが難しい」「『未来』がすぐにイメージできなかった」「フューチャー・デザインのポジティブなイメージを発想しにくかった」といったコメントに表れているように，フューチャー・デザインという手法を通じて「将来世代」になることは簡単ではないという点が特徴として語られている。

表7-5　体験した後の考えの変化について

（人）

大きく変わった	9
多少変わった	15
どちらとも言えない	4
あまり変わらなかった	1
全く変わらなかった	0

体験後の考えの変化については表7-5にまとめた。個別には以下のようなコメントがあった。「ワクワク感があり，面白かった」「まったく新しい思考方法に感心した」「目の前のことにとらわれないで議論できて面白かった」「先を考える機会がなかったが，この場によって考えられるようになった」「何の意味があるのかがはじめは分からなかったが，遠くの未来を一度想像して，実現するための手順として，年代ごとに話をしていくことは理解できた」「ワークショップに参加されている人たちと出会えてよかった」「体験する人を少しずつ増やしていくことが，宇治の未来に対し『我が事』として考え，行動する人を増やすことになると思う」。

6）未来視点の取得について

シンポジウムとワークショップにおけるアンケート結果から，参加者にとっての「未来視点の取得」については，以下のようにまとめられる。

アンケート結果では，多くの参加者が「大変有意義だった」「有意義だった」と答えており，また参加者の約7割より，「フューチャー・デザイン」という手法について「理解できた」「ほとんど理解できた」との回答を得ており，今回の手法をとおして，未来の視点を持つこと，将来を見据えたうえでの意思決定の重要性についての意識啓発という部分においては，一定の成果を得た。

しかしながら，表7-4では「フューチャー・デザイン」という手法を理解できたかという問いに約4割の参加者は「どちらともと言えない」と回答している。未来を考える重要性について認識している場合であっても，ワークショップを通して，将来世代の視点で考えることが難しいと感じている参加者が一定数いる印象を受けた。これは，今回の参加者の多くが，日頃から地域コミュニティに関心を持っていたり，活動に参加していたりして，より現代の問題や課題を身近に感じていることで，意識が「現代」に向いていることも影響しているのではないかと考えられた。

3　フューチャー・デザインの展開

(1)2019年度のフューチャー・デザインの取り組み

2018年度の「未来視点を取り入れた持続可能な地域コミュニティ施策実施に向けた検討研究」成果報告の末尾には，次のように述べられており，職員がフューチャー・デザインの視点を持つことの重要性が強調されていた。

> 今回，シンポジウム・ワークショップの開催を通し，未来への持続可能な地域コミュニティを考える中で，「フューチャー・デザイン」で考える視点を持つことができたのは，行政職員にとっても大きな収穫であった。今後の市政推進にあたり，将来世代に負担を残さない施策を考えていくことが必要となるが，すなわち「フューチャー・デザイン」の視点を持つということでもあり，そういった視点を持った職員の育成が必要であると考え，職員研修への「フューチャー・デザイン」導入が有効であると感じている（森正美，宇治市文化自治振興課，2019，31頁）。

筆者もワークショップに参加し観察をしていたが，そもそもワークショップの運営や書記などの担当経験のない職員もいたし，また市民と一緒にワークショップを実施することに対する不安や抵抗感を抱いている職員も当初はいたようにみえた。しかし回を重ねるにつれ，慣れないながらも，職員自身がフューチャー・デザインの持つ可能性を自覚し，多様なコミュニケーションを通じた合意形成の経験を前向きに捉えられるように変化してきている様子がみられた。

このような認識を受けて，2019年度の研究の展開を，①地域での講演会やワークショップの実施，②市民ワークショップの推進による担い手の育成および市民視点からのフューチャー・デザイン実践，③フューチャー・デザイン・ワークショップの手法の研修などによる人材育成，④市職員内部でのフューチャー・デザインへの理解の促進，にすることとした。

（２）市民による「フューチャー・デザイン宇治」の取り組み

2018年度の宇治市主催のワークショップは終了したが，その参加者から，フューチャー・デザインの取り組みを継続する提案があり，2019年３月に市民主体の「フューチャー・デザイン宇治」というグループが立ち上がった。

５人の世話人が自主的に手を上げて，どのようなテーマや方法でワークショップを進めていくかから考えた。筆者もワークショップと，ワークショップの準備をする世話人会議に可能な限り参加し，意見交換に加わった。

これまで（2019年11月時点）に４回のワークショップが実施され，毎回15〜20名の市民が参加している。１回目の会合で，参加者が希望するテーマを話し合ったが，あまりにもバラバラでまとまらなかった。そこで現在の宇治市について共有できる内容として「宇治市第５次総合計画」の資料を元にテーマ設定をすることになった。５人の世話人が一つずつのテーマを提案し，その中から「健康」「防災」「商業」という３つのテーマが選ばれた。

それ以降は，2018年度の宇治市でのワークショップの経験者がほとんどであったことから，2018年度ワークショップと同様の手順で進められた。ただし，「過去をふりかえる」回は設けられなかったので，このことが最終的にどのような影響をもたらしたかは，宇治市でのワークショップの経験や今後のワークショップの進め方と比較していくべき課題である。

「フューチャー・デザイン宇治」の特徴を，世話人の山上氏は次のようにまとめている。

> 市民レベルでの取組である。行政の関与がなく，出入り自由のフラットな関係であるが，目的が不明確で無責任と捉えられる可能性もある。また，多

様な主体が参加し，毎回メンバーも違うので，楽しさやわくわく感があるが，継続性への不安や効果への疑問も出てくるのではないか（フューチャー・デザイン宇治，2019)。

このような特徴をもつフューチャー・デザイン宇治の4回にわたるワークショップでは，2048年の宇治は，「フューチャー・デザイン・カレッジができて，みんなが学びながら行動できる仕組みができている」「宇治川の氾濫があり，人々は高台に移転しているが，その時には誰の土地でも住めるようになっている」「プロ意識のあるボランティアが多数いるので，行政は不要になっている」「空き店舗で野菜工場がつくられている」「外国人が定住し，まちの歴史や文化も継承されている」と現在の課題を克服して，さらに明るくよい社会になっているイメージが共有されていた。

ただ，これらのアイディアの中には2048年のビジョンというよりも，現代人視点からの課題解決をめざすことにとどまり，なかなか将来人になれず，現在の地域への不満や嘆きに話題が戻ってしまう現代世代の呪縛が表出することもしばしばあった。また実際にビジョンを実現するまでの具体的な道筋についての議論が十分掘り下げられていなかったという課題もあった。

市民主体の「フューチャー・デザイン宇治」の活動は始まったばかりだが，2019年度は大学での共同研究のメンバーとして「フューチャー・デザイン宇治」の世話人の方々が加わることで，宇治市の行政担当者，市民グループが共同研究者として継続的かつ対等に対話ができる関係性を生み出す場を整えた。

筆者としては，ぜひここでの活動から生み出されてくるアイディアやビジョンが一部でも，宇治市の施策に取り入れられることを願っている。またこのような場やグループがあちこちで立ち上がってくれれば，まちの未来を描くことがもっと楽しくなると感じている。参加者の中には，何人かの議員も含まれている。彼らがたんに地域の利益代表ではなく，将来世代の代表として，宇治の未来を描く視点と手法を獲得してくれれば，議会すらも変えることができるはずである。

(3)他市町村の事例からの学び

2019年３月に，京都府で開催された総合地球環境学研究所主催のセミナーで，宇治市も，他市町村と共に報告した。筆者も宇治市のサポーターとして報告した。その際には，京都府と長岡京市における職員を対象とした水道事業に関するワークショップの取り組みと松本市における市庁舎建設に係るフューチャー・デザインの活用についての報告を聴いた。

いずれの報告も，フューチャー・デザインの完成版を共有しているというよりも，むしろ自治体が主体となって，フューチャー・デザインという新しい手法をなんとか活用しようとしている模索段階であることが理解された。ただ今後宇治市での取り組みを進める上では，他市町村の事例を学ぶことには一定の意義があるのではないかと考える契機になった。それを受けて2019年度には，松本市，信州大学と共にファシリテーション手法の開発を担当する NPO 法人 SCOP に，宇治市でのファシリテーション研修を依頼するなどした。

ただ，宇治市でのフューチャー・デザインは，そのテーマや手法について模索を続けている状況であり，今後も高知工科大学のフューチャー・デザイン研究所のサポートを得ながら取り組みを深めていく予定である。筆者は，宇治市の共同研究者として，行政と市民を橋渡しする役割を果たすとともに，学生たちにもフューチャー・デザインを学び，実践できる機会を提供していくことが必要であると考えている。

4　さらにフューチャー・デザインを進めるために

(1)行政と住民協働の仕組みづくりのサポート

筆者は，フューチャー・デザインの考え方に賛同し，その考え方を行政や地域の施策立案や合意形成，ビジョンづくりに活用できないかと考えてきた。しかし行政内部には，行政内部の壁がある。また市民と行政の間にも溝がある。筆者の役割は，その壁を打ち破ったり，よじのぼったりするサポートをし，行政と市民が対立するのではなく協働できる可能性の橋渡しをすることだと考え

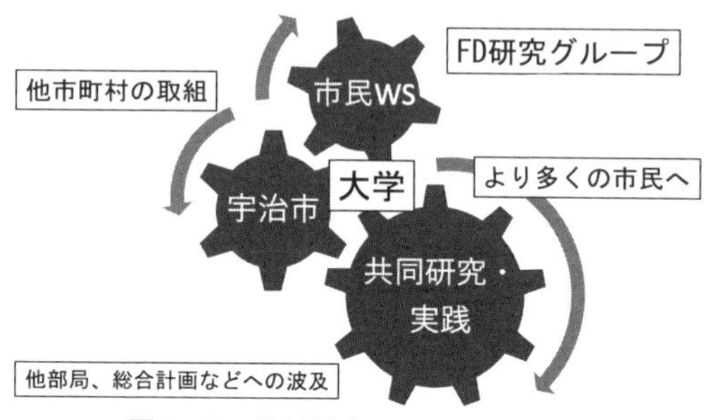

図7-6　共同研究でつなぐサポート
（出所）　筆者作成。

ている。

なぜならば，フューチャー・デザインの考え方やそこから生み出されるビジョンや選択がどんなに素晴らしくても，それが適切に理解され，行政や市民によって選択されなければ，そのスタートラインに着くことすらできないのではないかと考えるからである。たとえばある自治体に意識の高い行政担当者が現れフューチャー・デザインに取り組んだとしても，組織的取り組みにすぐにつながるとは限らない。またその行政担当者自身が，異動でまったく別の部署にいってしまうこともよくあることである。「首長が理解すれば自治体全体が動く」かもしれないが，多くの首長は「政治的に」優位に立てることでないと容易には同意しない。まして宇治市のように，人口約19万人，行政職員1500人規模の自治体でこれまでの発想や思考を大きく変えるような新たな手法を導入するのはたやすいことではない。そのため筆者は，大学を中心とした地域連携活動や市民や行政との協働研究やまちづくりミーティングという新たな対話の機会を創出することを通じて，多様な立場の人々の異なる意見を調整しゆるやかなつながりを生み出す場づくりや実践を重ねてきた。フューチャー・デザインの取り組みの定着に向けて，これまでの実践や研究の手法をなんとか活用し，多様な立場の人々の対話を促し，部局横断・立場横断的に取り組みを進めているという貢献ができると考えている。

別の共同研究では，宇治市教育委員会と協働で「宇治学」の副読本を6年分作成してきた。この副読本は小中一貫教育推進の柱となる総合学習の教科書であり，宇治市の全ての小中学校で使用されるものである。その最終学年の9年生（中学3年生）のテーマは，「よりよい宇治へ――将来の宇治市への提言」である。筆者は，その副読本の企画指導を担当する中で，宇治市の中学生が宇治市の未来を考え政策提言することを学習課題として提案し，「フューチャー・デザイン」という概念を副読本に組み込むことを提案し，実際に副読本にはその考え方が採用された。現在世界中で注目されているSDGs（持続可能な開発目標）と共に，宇治市では，将来の地域の担い手となる子どもたちに「フューチャーをデザインする視点」を持たせることができるよう長期的な人材育成の観点からのもくろみである。残念ながらフューチャー・デザインのワークショップ手法など詳細までを組み込めたわけではないが，この概念が副読本に挿入されるだけでも，これまでの現状課題解決型に留まってきた思考の枠組みを広げることに資するはずであり，今後宇治市で若者世代とフューチャー・デザインを結びつけるきっかけを生み出せることを願っている。

(2) 今後の展開

宇治市におけるフューチャー・デザインの取り組みは，まだ始まったばかりである。しかし市民主体のグループによるワークショップが継続して開催されるなど，他市と比較しても，市民からの動きには注目すべきものがある。

2019年度の市民ワークショップは，現行の「宇治市第5次総合計画」を基礎資料として実施されている。さらに2020年度は，コロナ禍により対面型のワークショップなどが開催できない状況下ではあるが，オンライン手法を交えたワークショップ手法を模索している。

今後は，2021年度に予定されている「第6次総合計画」策定にフューチャー・デザインの手法やアイデアをどのように組み込むことができるのかが重要になるであろう。行政もフューチャー・デザインの視点を獲得し，長期的な展望から計画立案を行い，真の市民協働を進め住民と共に計画策定・事業実施を行うのであれば，フューチャー・デザインの発想からコミュニティの未来を考えていこうとする市民と力を合わせて，まったく違う宇治の未来を描くことができるはずである。

注

(1) 宇治市のコミュニティの現状，課題についての詳細は，本書序章でとりあげた「町内会・自治会の活性化の促進する方策について――これまでの議論のまとめ」（2013），「地域コミュニティ意識調査／町内会・自治会長アンケート調査結果報告書」（2014）や「町内会・自治会の活性化の方策および地域コミュニティ・協働のあり方に関する提言」（2015）を参照されたい。

参考文献

宇治市フューチャー・デザインワークショップ開催報告（https://www.city.uji.kyoto.jp/uploaded/attachment/13545.pdf8　2020/7/05参照）。

宇治市「地域コミュニティ意識調査／町内会・自治会長アンケート調査結果報告書」2014年。

――――「かんがえようこれからの地域の未来。地域コミュニティを考えるワークショップ開催報告」2019年。

宇治市地域コミュニティ推進検討委員会「町内会・自治会の活性化の方策および地域コミュニティ・協働のあり方に関する提言」2015年。

宇治市町内会・自治会等活動推進検討委員会「町内会・自治会の活性化の促進する方策について――これまでの議論のまとめ」2013年。

宇治教育委員会『「宇治学」副読本各学年指導の手引き』。

フューチャー・デザイン宇治「フューチャー・デザイン宇治とは」京都文教大学地域志向ともいき研究研究会，2019年７月16日。

森正美，宇治市文化自治振興課「地域コミュニティ活性化推進のための制度改革に向けた方策の検討」『平成27年度京都文教大学 COC 地域志向研究ともいき研究成果報告書』2016年，55-60頁。

――――「地域コミュニティ活性化推進のための制度改革に向けた方策の検討」『平成28年度京都文教大学 COC 地域志向研究ともいき研究成果報告書』2017年，49-52頁。

――――「地域コミュニティ活性化推進のための制度改革に向けた方策の検討」２『平成29年度京都文教大学 COC 地域志向研究ともいき研究成果報告書』2018年，39-46頁。

――――「未来視点を取り入れた持続可能な地域コミュンティ施策実施に向けた検討研究」『平成30年度京都文教大学 COC 地域志向研究ともいき研究成果報告書』2019年，27-31頁。

おわりに

本書では，コミュニティ，つながり，災害，環境，文化などの切り口で，地域のさまざまな課題にアプローチしている。またそれらの課題に，どのような立場で関わるかについても，多様な事例を紹介している。ボランティア，市民団体，大学，行政，企業など，立場によって関わる方法やできることも変わってくるのが地域課題であり，そこでの試行錯誤を共有できるような記述を心がけている。

さらに７本のコラムでは，本章のなかに収めきれない新たな実践について，当事者に活動内容とその活動への想いを紹介してもらっている。地域課題については，課題把握，分析や認識共有のプロセスがあったとしても，「実践」を伴わなければ，地域課題はいつまでも課題のままである。前向きなアイディアも机上に留まり，地域は何も変わらない。ともいき共同研究では，多様な立場の人々による研究班を構成し，当事者性を意識してより実践的に地域課題を研究し解決することをめざしている。コラム執筆者は，この志を共有し活動してこられた方々である。

また本書の後半では，これからの地域を担う人材育成に，企業，行政，各種団体などの地域のパートナーと取り組んでいこうとする「京都文教ともいきパートナーズ」の取り組みについても紹介している。「人を育てることが地域の未来につながる」という強い共感が，人々を一つのネットワークにつなげている。まだまだこれから育てていかなければいけない取り組みだが，このようなネットワークが各地で育てば，企業，送り出す大学，そして何より地域の未来を担う学生たちも幸せになり，地域の「ともいき」が実現すると考えている。

第６章には，「フューチャー・デザイン」の提唱者である総合地球環境学研究所プログラムディレクター／高知工科大学フューチャー・デザイン研究所所長の西條辰義教授に特別に寄稿していただいた。中央公論新社の工藤尚彦様には，この章の元となった論稿の使用を認めていただき，この場を借りて感謝いたします。また宇治市における取り組みでは西條先生と共に，高知工科大学中川善典先生にも大変お世話になっている。記して感謝したい。

本書の元となった共同研究の課題は，地域住民も参加する「まちづくりミーティング」や行政，大学，企業の「ともいきパートナーズミーティング」などの意見交換から発想されている。さまざまな立場の人々の「声」から得られた地域課題に関する問題意識を研究として深化させ，さらに社会に還元し，学生の教育にも接続する。従来の研究手法とはかなり異なる部分もある「ともいき研究」の手法は，研究者にとっても新たな研究分野や研究教育手法を獲得する機会ともなっている。

これらのミーティングは，企画段階から教職協働で実践されている。このような仕組みの中で，本書が生み出されており，その背後には，京都文教大学社会連携部フィールドリサーチオフィスのメンバーをはじめ，COC 事業や COC＋事業を支えてくださった多くの人々の協働というサポートがある。素晴らしい仲間や理解者に恵まれ，「ともいき」の実践を重ねていられることに，本当に感謝している。

最後に，これらの成果を世に送り出すために，出版事情の厳しい折，出版を引き受けてくださったミネルヴァ書房営業部長の神谷透様，大変丁寧に編集助言をして下さった柿山真紀様，研究成果刊行助成制度により研究成果の社会還元を支援してくれた京都文教大学と査読を担当して下さった審査員の助言に心より感謝する。

編著者

索　引

（＊は人名）

あ　行

か　行

さ　行

た　行

な・は行

ま・や・ら・わ行

アルファベット

執筆者紹介

（＊は編者，執筆順）

＊森　正美（もり・まさみ）はじめに，序章，第７章，おわりに

編著者紹介欄参照

澤　達大（さわ・たつひろ）第１章

東京学芸大学教育学研究科社会科教育研究専攻修士課程修了
現在，京都文教大学総合社会学部総合社会学科准教授
『観光教育への招待』（編著，ミネルヴァ書房，2016），
『京都・宇治発地域協働の総合的な学習』（共著，ミネルヴァ書房，2020）

平岡　聡（ひらおか・さとし）第２章

佛教大学大学院文学研究科仏教学専攻博士課程満期退学
現在，京都文教学園学園長，京都文教大学・短期大学学長
『南無阿弥陀仏と南無妙法蓮華経』（新潮社，2019），
『浄土思想入門：古代インドから現代日本まで』（KADOKAWA，2018）

石田浩基（いしだ・ひろき）第３章

龍谷大学政策学研究科政策学専攻修士課程修了
現在，公益財団法人京都市環境保全活動推進協会事業職員，京都文教大学非常勤講師

滋野浩毅（しげの・ひろき）第４章

京都橘大学大学院文化政策学研究科博士後期課程単位取得満期退学。
博士（文化政策学）現在，京都産業大学現代社会学部教授
『京都から考える都市文化政策とまちづくり　伝統と革新の共存』（共著，ミネルヴァ書房，2019）
『人をつなげる観光戦略　人づくり・地域づくりの理論と実践』（共著，ナカニシヤ出版，2019）

押領司哲也（おうりょうじ・てつや）第５章

同志社大学 法学部 政治学科 卒業
現在，京都文教大学・短期大学社会連携部フィールドリサーチオフィス課長

西條辰義（さいじょう・たつよし）第6章

ミネソタ大学大学院（経済学，Ph. D.）
現在，総合地球環境学研究所プログラムディレクター，
高知工科大学フューチャー・デザイン研究所所長
『フューチャー・デザイン』（編著，勁草書房，2015）
Future Design, (ed). Springer (in press), 2020

《**編著者紹介**》

森　正美（もり・まさみ）

筑波大学大学院歴史人類学研究科博士課程単位取得満期退学。

現　在　京都文教大学副学長，地域協働研究教育センター長，総合社会学部総合社会学科教授

主　著　『人をつなげる観光戦略　人づくり・地域づくりの理論と実践』（共著，ナカニシヤ出版，2019）

『よくわかる文化人類学第２版』（共著，ミネルヴァ書房，2010）

Islam and Cultural Diversity in Southeast Asia（共著，東京外国語大学アジア・アフリカ言語文化研究所，2015）

『法文化論の展開――法主体のダイナミズム』（共編著，信山社，2015）

京都文教大学地域協働研究シリーズ④

実践！ 防災と協働のまちづくり

――住民・企業・行政・大学で地域をつなぐ――

2021年３月20日　初版第１刷発行　〈検印省略〉

定価はカバーに
表示しています

編著者　森　　正美
発行者　杉田啓三
印刷者　中村勝弘

発行所　株式会社　ミネルヴァ書房

607-8494　京都市山科区日ノ岡堤谷町１
電話代表　(075)581-5191
振替口座　01020-0-8076

中村印刷・清水製本

ISBN978-4-623-09089-1
Printed in Japan